I0494029

www.ingramcontent.com/pod-product-compliance
Lightning Source LLC
Chambersburg PA
CBHW051803170526
45167CB00005B/1857
9781499185003

جایگاه
بازاریابی شبکه‌ای
در عصر الکترونیک

نویسنده: مهراب صدوقیانزاده

تشخیص جایگاه بازاریابی شبکه‌ای و تعریف شخصیت اجتماعیِ
بازاریابان شبکه‌ای از طریق بررسی تعاریف حاکم بر
تجارت‌های مدرن عصر الکترونیک و ارتباطات

فهرست

شعلهٔ جاریِ شمع، با جاری شدنش، تشنگان نور را سیراب می‌کند و دشمنان خود را خوشحال!

بدخواهان چنین می‌پندارند که شمع در حال سوختن و نابود شدن است. در حالی که شمعِ جاری، زبانهٔ شعله‌های خشم، کینه و نفرت چشمان آنان را در خود منعکس کرده و بدین‌سان فرصتی به آن‌ها می‌دهد تا خود را دیده و با خود روبرو شوند! و هرگز از خود نخواهد پرسید که آنان با این فرصت چه می‌کنند؟

هر چند که آرزوی شمع جاری، چشمان آبی رنگ آسمان است، تا زیبایی، اثر و عظمت خود را در آن ببینند. عظمت جـاری، ابـدی و مـاندنی شدن.

مقدمه

با سپاس فراوان از خالق هستی که این فرصت را به من عطا فرمود، تا با نگارش این کتاب، قدمی کوچک در راستای معرفی و تعریف کیفی "بازاریابی شبکه‌ای"[1] و تثبیت جایگاه فعلی آن بردارم.

حدود پنجاه سال از ظهور پدیده‌ای به نام "بازاریابی شبکه‌ای" می‌گذرد. در همین مدتِ اندک، این پدیده به سرعت رشد کرده، در زمرهٔ صنعت‌های مطرح دنیا قرار گرفته و مردمان زیادی را به خود مشغول ساخته است. شما نیز به احتمال زیاد، حداقل برای یک بار از طریق دوستان یا نزدیکان، با آن آشنا شده یا دست‌کم نام آن را شنیده‌اید.

معمولاً رایج‌ترین اندیشه و گفتار مردم – منظور کسانی که تجربهٔ عملیِ صحیحِ این نوع تجارت را نداشته‌اند – بعد از شنیدن نام این صنعت یا نام یکی از شرکت‌های فعال در این زمینه، گفتن جملاتی این چنین است:

- *راجع به کارای هرمی حرف می‌زنی؟*
- *آهان همون کار کلاه برداریه رو می‌گی؟*
- *آره می‌دونم چیه، هرمیه دیگه.*
- *مگه هنوز از این کارا می‌کنن؟*
- *من می‌دونم نمی‌خوای سرم کلاه بزاری. فقط از روی خیر خواهی به من می‌گی.*
- *آره بابا، پسر دوست بابام، چن سال عمرش رو گذاشت. آخرشم، هیچی به هیچی.*
- *اینا همش بازیِ پوله.[2] فایده نداره.*

---

۱ Network Marketing، مراجعه شود به بخش ۱.۱- بازاریابی شبکه‌ای، صفحهٔ ۲۲

۲ Money Game، یکی از القاب شبکه‌های هرمی. در این شبکه‌ها هیچ ارزش افزوده‌ای وجود ندارد و افراد پس از پرداخت حق عضویت، با جذب اعضای جدید، بخشی از حق عضویتِ پرداخت شده، توسط آن‌ها را به عنوان پاداش دریافت می‌کنند.

- اینطوری نمی‌شه پول درآورد بابا.
- تاحالا هیچ کسی یک شبه پولدار نشده.
- هر کی تو اون هرم باشه، ضرر کرده.
- اشباع شد بابا، توی همهٔ کشورهای اروپایی هم ممنوع شدن اینا.
- پنیر مجانی، فقط توی تله موشه داداش.

البته شاید با کمی اغماض، این تجارت را به رسمیت شناخته و بگویند:

- آره ولی این کارا، کار مفید و بدرد بخوری نیست و برای جامعه فایده‌ای نداره!
- می‌دونم، همینه که، اول باید بخری و بعدش به چند نفر بفروشی.
- دوران این جور کارا گذشته دیگه، به فکر یک کار واقعی باش.
- کار درست و حسابی نیست، نوکر بی‌جیره مواجب مردم شدی.
- این کارا که کار جدی نیست، به درد خانم‌های خانه‌دار می‌خوره.
- البته برای سرگرمی بد نیست، فقط باید فک بزنی، تا بفروشی.
- واسه آدمای بیکار خوبه.
- نفرای اول خوب سود کردن، الان دیگه فایده نداره.
- بالاخره، میدونی که، به اون نفرای آخر فشار میاد.
- ...

برای کسانی که در مرحلهٔ تحقیق و تصمیم‌گیری قبل از شروع این تجارت بوده یا به تازگی به این صنعت پیوسته یا مدتی است که بدون گرفتن نتیجه مشغول به فعالیت می‌باشند، شنیدنِ هر یک از جملاتِ فوق می‌تواند بسیار خُرد کننده و ناامید کننده بوده و باعث گردد تا با سرخوردگی، به سرعت در تصمیم خود تجدید نظر نمایند.

اما آیا این جملات صحیح بوده و بر پایهٔ منطق استوارند؟ یا این‌که محصولِ اطلاعاتِ ناقص، برداشت‌های سطحی و شایعه‌های معمول می‌باشند؟ آیا پاسخی منطقی برای این نظرها وجود داشته و آیا می‌توان اثبات نمود که بازاریابی

شبکه‌ای تجارتی واقعی، بسیار جدی، مفید و سودآور است؟

آیا می‌توان گامی پیش‌تر نهاد و با چنین افرادی وارد مناظره شد؟ و با نگاهی علمی، منطق برخی از آن‌ها را – که در صنایع رو به زوال، مشغول به فعالیت و تجارت هستند – به چالش کشید؟ آیا می‌توان برایشان توضیح داد که دلایل و استدلال‌هایشان، فاقد مبناست؟ و از این فراتر، آیا می‌توان به آن‌ها اعلام خطر نمود که همان‌گونه که چاپارها، آهنگران، نیزه‌سازان، متخصصان ارسال تلگراف و خان‌ها از صفحهٔ اجتماع محو شده‌اند، حرفهٔ آنها نیز به زودی، از فهرست مشاغل خط خواهد خورد یا ماشین‌ها جایگزین آن‌ها خواهند گردید. همان‌گونه که امروزه در کارخانه‌های مدرنِ اتومبیل‌سازی، عملیات جوش‌کاری، نقاشی و غیره توسط روبات‌ها[3] انجام می‌گردد. در دنیای تجارت نیز، نظام کهنهٔ فروش و خرده فروشی که غالباً قائم به روابط شخصی بوده و باعث آسیب‌دیدن تولیدکنندگان داخلی و گاه نابودی صنایع محلی می‌گردد، مدت‌هاست که در کشورهای توسعه‌یافته، جای خود را به سیستم‌های مدرن بازاریابی و فروش، داده است. و چه بسیارند نمونه‌هایی از این قبیل.

اما ریشهٔ این اختلاف نظرها و تقابل دیدگاه‌ها چیست؟

با کمی تأمل می‌توان دریافت که اتفاقی عظیم‌تر در سطحی وسیع‌تر در حال روی دادن است. اغلبِ مردم، می‌پندارند جهانی که می‌شناسند، با همین روال تا ابد دوام می‌یابد، درصورتی‌که اگر بر اساس آمار موجود، به آینده نگاه کنند، درخواهند یافت که نه تنها دو عامل، **اول**، کاهش نگران کنندهٔ کارگران و **دوم**، افزایش بیکاری – در قالب تعدیل نیروی کار- آینده را متزلزل ساخته است،

۳ Robot، شخص یا کارگزاری مصنوعی و معمولا الکترومکانیک است که توسط کامپیوتر یا مدارهای الکترونیکی هدایت می‌گردد. منبع (۱۴ ص. Robot/)

بلکه مأیوس کننده‌تر این‌که این مشکلات را نمی‌توان در چهارچوب قوانین و راه‌کارهای موجود حل نمود. بنابراین مدت‌هاست که شمارش معکوس سقوط جامعه و نظام صنعتی که امروز آن را می‌شناسیم آغاز گشته است...

این کتاب برای آن دسته از افرادی نوشته شده که با دیدی باز، شجاعانه و حقیقت‌جویانه، به دور از هر گونه تعصب و تنگ‌نظری، به آیندهٔ تجارت ایران و جهان چشم دوخته و به دنبال بهترین فرصت‌های کاری و سالم‌ترین و مدرن‌ترین شیوه‌های زندگی هستند.

۱- هدف از نگارش این کتاب

در این کتاب سعی شده تا با نگاهی ژرف، از نظر علمی، دلایل ظهور و گسترش پدیدهٔ بازاریابی شبکه‌ای، جایگاه آن نسبت به تجارت‌های دیگر و ارتباط کیفی آن با دنیای پیرامون، در حال و آینده بررسی شود تا بتواند نگرشی[۴] متفاوت را به خوانندهٔ محترم ارائه نماید. به این منظور، تعدادی از مهم‌ترین قوانین و چهارچوب‌های ذهنیِ حاکم بر تجارت‌های مدرنِ عصر الکترونیک بررسی خواهند شد، مانند اصول حاکم بر شبکه‌های توزیع مویرگی و بازاریابی شبکه‌ای که البته هم‌اکنون این دو، از مقوله‌های مهم روز در دنیا می‌باشند.

همچنین، برخی از مزایای صنعت بازاریابی شبکه‌ای، همانند مبارزه با استعمار مدرن، ایجاد بستر فرهنگی مورد نیاز جهت رواج روحیهٔ کارآفرینی و ایجاد اتحاد در سطح ملی، طرح و بررسی می‌گردند. اما در این کتاب هیچ کدام از

۴ Attitude، ترکیبی از هیجان‌ها و باورها که پیشاپیش شخص را آمادهٔ نگاه و واکنش می‌کند. منبع (۱۴ ص. نگرش/)

روش‌های عَمَلی بازاریابی شبکه‌ای، مانند روش‌های جذب مشتری‌های جدید یا شیوهٔ پشتیبانی از تیم فروش، مطرح نخواهد گردید.

امیدوارم شما خوانندهٔ عزیز و محترم، بعد از خواندن این کتاب، ضمن به دست آوردن تعریفی جامع و زیبا از تجارت شبکه‌ای، جواب‌های متفاوت و مناسبی برای سؤال‌های بنیادین زیر که هر نت‌ورکری[5] دیر یا زود، با آن مواجه خواهد شد، پیدا نمایید. سؤال‌هایی همچون:

- یک نت‌ورکر کیست؟
- شغل نت‌ورکر چیست و از چه راهی پول در می‌آورد؟
- آیا فرد مؤثری در جامعه است؟
- آیا شغل او یک شغل کاذب است؟ یا آیا جامعه به او نیازدارد، همان‌گونه که به نانوا، معلم و یا استاد دانشگاه نیازمند است؟
- جایگاه صنعت بازاریابی شبکه‌ای کجاست؟
- دلایل رشد این صنعت چیست؟
- ارکان رسیدن به موفقیت در صنعت بازاریابی شبکه‌ای و پیش‌نیازهای آن چیست؟
- چه کسانی زودتر به موفقیت می‌رسند؟
- و در نهایت، جایگاه نت‌ورکرها، در دنیای جدید آینده چه خواهد بود؟

هدف دوم و جانبی این کتاب، ورزیده ساختن ذهن نت‌ورکرها، برای شناسایی و تشخیص چالش‌ها و الگوهای تغییر، به محض پدیدار شدن می‌باشد تا

۵ نت‌ورکر که در اصل گرته برداری ناقصی از واژهٔ نت‌ورک مارکِتِر (Network marketer) می‌باشد، واژه‌ایست که به مرور زمان، بین افرادی که مشغول به امر فروش از طریق بازاریابی شبکه‌ای بودند، برای معرفی حرفهٔ خود، متداول گردید.

بتوانند در کوتاه‌ترین زمان ممکن، بهترین راهِ حل و استراتژی را انتخاب، برنامه‌ریزی و اجرایی نمایند.

۲- روشِ تحلیل و بررسی

برای پاسخ به این سؤال‌ها و نیز پاسخ به سؤال بزرگ که در فصل اول مطرح می‌گردد، از یکی از شیوه‌های تحقیق "انیشتن" استفاده می‌کنیم. او می‌گوید: پاسخ هیچ مسئله‌ای را در همان سطحِ آگاهی‌ای که آن مسئله ایجاد شده، نمی‌توان یافت و باید در یک سطح وسیع‌تری از آگاهی، به دنبال جواب آن مسئله بود. یعنی باید چند گام عقب‌تر رفت و با دید جامع‌تری موضوع را بررسی نمود. [۶]

بنابراین، برای شناخت جایگاه واقعی بازاریابی شبکه‌ای — که فعالیتی اقتصادی است — در حال و آینده، ابتدا باید اصول پایهٔ حاکم بر دنیای حاضر بررسی گشته و سپس، فصل مشترک آن با نگرش خاص ما در بازاریابی شبکه‌ای، شرح و بسط داده شود.

برای دست‌یابی به این هدف، ابتدا باید به شکلی کلی‌تر، ساختارهای پنهانی تمدن و فاکتورهای مشترک اقتصاد را بین کشورهای مختلف، شناسایی و بررسی نمود. همینطور، برای دست‌یابی به این شناخت و همچنین پیش‌بینی آینده، باید به گذشته برگشت و مقدمه‌ای مختصر از سیر کلی رشد و تکامل جامعه بشری را تا به امروز بررسی نمود. همان‌گونه که تحلیلگران تکنیکی، [۷] برای پیش‌بینی روند آیندهٔ یک نمودار، رفتارها و الگوهای گذشتهٔ آن را بررسی و

---

۶   No problem can be solved from the same level of consciousness that
     created it.

۷   Technical Analysis، روشی برای پیش‌بینی آینده با توجه به اطلاعات گذشته. این روش
     در بازارهای مالی همانند بازار بورس و فارکس کاربرد فراوانی دارد.

تحلیل می‌نمایند. در حقیقت با بررسی تاریخِ تمدن و سیر تکاملی آن، الگوهای جهش، تغییر و تکاملِ آن، شناسایی می‌شوند. این الگوها علاوه بر ارائهٔ ابزار دقیق‌تر و صحیح‌تری برای شناخت و بررسی پدیده‌های نوظهوری همچون بازاریابی شبکه‌ای، راهنمای ایده‌آلی برای انتخاب ذهنیت و استراتژی مناسب در امر زندگی شخصی و همچنین تجارت می‌باشند.

۲.۱- منابع مورد استفاده جهت تحلیل

کلیهٔ مطالبی که در این کتاب، جهت شناخت و بررسی اصول و قوانین نهفتهٔ حاکم بر زندگی بشر – از ابتدا تا عصر حاضر – عنوان شده، از آثار[8] "تافلر"[9] اقتباس گردیده است. بنابراین، برای مطالب و جملات موجود در متن کتاب – گاه با حفظ امانت و به صورت نقل قول کلمه به کلمه می‌باشد و گاه به صورت خلاصه و جمع‌بندی – به صورت مجزا، مرجع و منبعی معرفی نخواهد شد.

"تافلر" تمدن بشر را در سه مرحلهٔ کلی بررسی نموده است. عصر کشاورزی، عصر صنعت و عصر کامپیوتر و الکترونیک. از آن‌جایی که در کلیهٔ جنبه‌های زندگی، قسمتی از قوانین هر سه موج، ایفای نقش نموده و تأثیرگذار هستند، ما این سه موج را جدا از هم بررسی می‌نماییم تا به این وسیله، ساختارهای پنهانی تمدن و فاکتورهای مشترک اقتصاد را بین کشورهای مختلف، شناسایی نماییم.

---

۸ (۱) (۲) (۳) (۴) (۵)

۹ "الوین تافلر" محقق، نظریه پرداز و جامعه شناس برجستهٔ قرن که به همراه همسرش "هایدی تافلر" با نوشتن کتاب‌های "شوک آینده"، "موج سوم"، "جابه‌جایی در قدرت" و "جنگ و ضد جنگ" به شهرت جهانی رسیدند.

۳- خلاصهٔ مطالب کتاب

در فصل اول کتاب، راجع به بازاریابی شبکه‌ای و لزوم داشتنِ نگرش و دیدی جامع در رابطه با هر تجارتی از جمله همین تجارت، مطالب مختصری ارائه شده است. سپس سؤالی کلیدی طرح شده است که باعث شکل‌گیری دیدگاه خود من نسبت به این تجارت و جایگاه اجتماعی آن گردید.

در فصل دوم، به عنوان پیش‌نیاز، به یکی از مهم‌ترین ارکان زندگی و تمدن، به نام «قدرت» پرداخته خواهد شد. زیرا تنها با درک مفهوم و جایگاه «قدرت» است که می‌توان زمان حال را تحلیل و آینده را پیش‌بینی نمود.

در فصل سوم کتاب، موج اول و تعاریف مربوط به آن، به عنوان مبداء حرکت در نظر گرفته شده و سپس در فصل چهارم، با بررسیِ موجِ دومِ تمدن، به قوانین حاکم بر کشورهایی که در دوران صنعتی گرفتار آمده‌اند، پی خواهیم برد. به زبان، دیگر شاخص‌های تشخیص و تمیز سیستم‌ها و نظام‌های موج دومی[۱۰] را خواهیم شمرد. همان قوانینی که در مواجهه با پدیده‌های نوظهوری همچون بازاریابی شبکه‌ای، باعث ایجاد مقاومت می‌شوند.

در فصل پنجم، به بررسی شاخص‌های عصر الکترونیک، تبعات آن و ساختار متفاوت و نوین تجارت‌ها و سیستم‌های موج سومی، پرداخته شده است. در این فصل، با کمی هوش و درایت خواهیم دید که قوانین و تعاریف حاکم بر مدل تجارت بازاریابی شبکه‌ای، همسویی و تطابق عجیب و غیر قابل انکاری با شاخص‌ها و تعاریف موج سومی دارد که البته اصلا هم تصادفی نیست. بنابراین همهٔ نت‌ورکرها،[۵] می‌توانند از این اصول، به نفع بهبود تجارت و گسترش تیم

---

۱۰ از خانه، مدرسه و واحدهای تولیدی و صنعتی گرفته، تا اداره‌جات خصوصی، وزارت‌خانه‌های دولتی و کلِ نظام اقتصادی و سیاسی.

خود، استفاده نمایند.

در فصل ششم، با مقایسه‌ای سریع، بین هر سه دورهٔ تمدن و الگوهای جهش و تغییر مابین آن‌ها، از یک طرف بیشتر با تفاوت‌های مفهومی، مابین موج سوم و دوم آشنا شده و برای پذیرش قوانین عجیب و متفاوت موج سوم، آماده‌تر گشته و از طرف دیگر، به دلایل رشد و پیشرفتِ تجارتِ بازاریابیِ شبکه‌ای، پی خواهیم برد. در این فصل، دلیل نیاز به فراموشیِ دانسته‌های فعلی، برای رسیدن به موفقیت و به قول معروف «خالی کردن فنجان» و همچنین بعضی مفاهیم کلیدی، مانند «بیکاری»، «موفقیت»، «تغییر»، «سرمایه»، «استعمار»، «کار و بیکاری» و «توسعه» بررسی خواهند شد.

فصل هفتم، ادامهٔ مطالب فصل شش است که به دلیل اهمیت زیاد آن، در فصلی جداگانه ارائه گردیده است. در این فصل با نگاهی متفاوت به مکانیزم «بازار» - که نقطهٔ عطف بین گذشته و آینده است - به شاه کلید تفاوت و شاه‌کار انقلابی موج سوم که دلیل قدرت بلا منازع صنعت بازاریابی شبکه‌ای است واقف خواهیم شد.

در فصل هشتم، ابتدا ریشهٔ دغدغه‌ها و نگرانی‌های افراد در مواجهه با مدل تجارت صنعت بازاریابی شبکه‌ای، بررسی شده و در ادامه به نتایجی حیاتی و تعیین کننده، برای روال عملی این تجارت، خواهیم رسید. سپس، به سؤال بزرگ، جوابی جامع و مانع، داده خواهد شد. در ادامه، بخشی دیگر از چهارچوب‌های ذهنی مورد نیاز، برای رسیدن به موفقیت در این صنعت و موانع موجود در مسیر، اشاره خواهد گردید.

فصل نهم، با توجه به آمار و ارقام موجود، به بررسی پتانسیل‌های بازاریابی شبکه‌ای در خاورمیانه، سپس فرصت‌ها، تهدیدها و برخی از مزیت‌های

بی‌شمارِ آن برای کشورهای پیشرو می‌پردازد. مزایایی، همانند مبارزه با استعمار مدرن، ایجاد روحیهٔ مسؤلیت‌پذیری و کارآفرینی، توزیع عادلانه‌تر ثروت و غیره.

در فصل آخر، این صنعت به عنوان فرصتی طلایی در مواجهه با چالش‌های دولت‌های در حال گذر از موج اول به سوم بررسی خواهد گردید.

۴- شیوهٔ پیشنهادی جهت مطالعهٔ کتاب

اگر شما خوانندهٔ عزیز، تازه با صنعت بازاریابی شبکه‌ای آشنا شده‌اید یا هنوز توسط مفاهیم کهنهٔ عصر صنعت به چالش کشیده نشده‌اید یا هنوز آمادگی لازم، برای مباحث تئوری، راجع به چهارچوب‌ها و مفاهیمِ نوینِ تجارت‌هایِ مدرن و حاکم بر این صنعت را ندارید، پیشنهاد می‌گردد که بعد از مطالعهٔ فصل دوم، مستقیماً به سراغ فصل هفتم رفته و مطالعهٔ خود را ادامه دهید. البته دانستن این مطالب، برای داشتنِ نگاهِ عِلمی، جهتِ شناختِ واقعیِ بازاریابی شبکه‌ای و تشخیص و تحلیل جایگاه آن، در حال و آینده، الزامی بوده و در فصل‌های آخر کتاب، از این مطالب استفادهٔ زیادی خواهد شد.

امیدوارم این کتاب، بتواند در ذهن خواننده، افق‌های متفاوتی، راجع به مدل تجارت‌های نوین، به خصوص صنعت بازاریابی شبکه‌ای ایجاد نماید.

با احترام

مهراب صدوقیانزاده — mehrab@3wv.ir

تابستان ۱۳۹۳ — http://www.3wv.ir

۱- سؤال بزرگ

در این فصل، ابتدا، دلیل نیاز به نگرشی علمی راجع به این صنعت مطرح می‌شود. سپس تعریفی کلی، از صنعت بازاریابی شبکه‌ای ارائه شده و در نهایت، پرسش مهمی که پاسخ آن می‌تواند راهگشای نت‌ورکرها و دست‌اندر کاران این تجارت باشد، طرح می‌گردد.

در هر موضوعی، این‌که چه چیز مورد سؤال واقع گردد، بسیار مهم است. به عنوان نمونه، در مورد افتادن سیب از درخت، برخی کاربرد سیب بعد از افتادن را مورد سؤال قرار می‌دادند و نیوتن دلیل افتادن آن را.

در بازاریابی شبکه‌ای نیز، نگرش‌هایی[۴] وجود دارد که تمرکز آن‌ها صرفاً بر حجم درآمد مادی این صنعت می‌باشد. بر این اساس، کتاب‌ها و سی‌دی‌های بسیاری ارائه شده است، اغلب بر پایهٔ موضوعاتی از این قبیل که افرادِ موفقِ این صنعت چه ماشینی دارند؟ در کدام رستوران‌ها غذا می‌خورند؟ در چه مناطقی خانه و ویلا دارند و برای تفریح و مسافرت به کجاها می‌روند. البته چنین نگرش و دیدگاه‌هایی، در شأن بازاریابان شبکه‌ای نمی‌باشد.

اگر بتوان سؤال را از جایگاه متفاوتی مطرح نمود و جایگاه بازاریابی شبکه‌ای را مورد سؤال قرار داد، نگرشی متفاوت، شکل خواهد گرفت. اما از

آن‌جایی که این کتاب، پیرامون بازاریابی شبکه‌ای نوشته شده، ابتدا باید تعریف مختصری از بازاریابی شبکه‌ای ارائه داده شود.

۱.۱- بازاریابی شبکه‌ای

طبق آمار ارائه شده، توسط شبکهٔ خبریِ DSN، در سال ۲۰۱۲، بازاریابی شبکه‌ای صنعتی است با گردش مالی معادل ۱۵۳ میلیارد دلار، بیش از ۳,۰۰۰ شرکت ثبت شده و بیشتر از ۹۱ میلیون نفر، عضو فعال در سرتاسر دنیا.[۱۱]

بازاریابی شبکه‌ای، یکی از شاخه‌ها و شیوه‌های فروش مستقیم[۱۲] می‌باشد. در این صنعت، شرکت‌ها می‌توانند بدون هزینه‌های اضافی، مانند تبلیغات، محصولاتشان را بدون واسطه، به مصرف‌کنندگان خود عرضه نمایند. مصرف‌کنندگان نیز، در صورت تمایل، می‌توانند با فروش آن محصولات به افراد دیگر، بابت خرید هر مشتریِ خود و همچنین خریدهایِ مشتری‌هایِ مشتری خود، از شرکتِ مادر، به صورت مستقیم، پاداش و پورسانت دریافت نمایند.[۱۲]

"بازاریابی شبکه‌ای، صنعتی در مقیاس جهانی، با هزینهٔ اندک و تکنولوژی برتر است که به سرعت در حال رشد می‌باشد و به شما این امکان را می‌دهد که در حالی که تجارت خود را در منزل و طبق برنامهٔ زمان بندی خود انجام می‌دهید، درآمد بالایی داشته باشید. شما با فروشِ مستقیمِ محصولات و ارائهٔ خدمات به مصرف‌کننده‌ها و متقاعد کردن آن‌ها جهت انجام همین کار، به سرعت به درآمد می‌رسید. درآمدی طولانی مدت و ماندگار.

امروزه در اقتصاد مدرن، بازاریابی شبکه‌ای – که در گذشته به نام

---

۱۱ www.directsellingnews.com

۱۲ Direct Selling، منبع (۱۴ ص. Network_marketing/)

بازاریابی چند سطحی،[13] معروف بود و دسیسه‌های هرمی،[14] به اعتبارش صدمه زده – تبدیل به پُر متقاضی‌ترین متد پخش محصولات مصرفی گشته است. بازاریابی شبکه‌ای، چنان روش قدرتمندی، جهت فروش و کارآفرینی می‌باشد که شرکت‌های سنتی، برای فرار از دردسرهای داشتنِ تیمِ فروشی متعهد و تمام وقت و همچنین پیش‌گیری از هزینه‌های تبلیغاتی، شروع به تقلید از ویژگی‌های عالی این نوع تجارت نموده و آن‌ها را در روال عملیاتی خود استفاده می‌نمایند.

در زمانی نه چندان دور، بازاریابی شبکه‌ای، آخرین امید بیکارها و ناامیدها بود، کسانی که در همهٔ کارها و تجارت‌های دیگر شکست خورده بودند. در حالی که امروزه، افراد موفقی که در کار خود، احساس کامیابی نمی‌کنند، جذب بازاریابی شبکه‌ای می‌گردند."[15]

"در بازاریابی شبکه‌ای، شما رئیس خود هستید و به هر میزان که تلاش کنید، پول درمی‌آورید. در این کار، باید ببینید، گوش کنید و یاد بگیرید. بنابراین این کار راحت‌ترین نوع تجارت در دنیاست."[16]

۱.۲- دلیل نیاز به نگرش علمی

از نظر تجربی، این‌که چه کسی فروشندهٔ چه جنسی است، یکی از عوامل بسیار مهم در امر فروش و بنابراین میزان سودِ حاصل می‌باشد. شخص فروشنده، از دو جنبه، دارای اهمیت می‌باشد. **اول**. میزان اعتبار وی نزد خریدار و **دوم**، جایگاه و شخصیت اجتماعی‌اش. مورد دوم، خود شامل عوامل بسیاری است که در مجموع

۱۳ Multilevel Marketing
۱۴ Pyramid Scheme و Shadow Pyramid Scheme
۱۵ (۶ ص. ۲ و ۳، فصل اول)
۱۶ (۷ ص. ۱۶ و ۱۷، فصل دوم)

از فروشنده، تصویری حقیقی و یا مجازی – بسته به میزان صداقت یا توانایی بازیگری وی – در ذهن خریدار، ایجاد می‌نماید. این عوامل، از نحوهٔ لباس پوشیدن و لحنِ سخن گفتنِ فروشنده، تا میزانِ اعتماد به نفس و سطح تحصیلات دانشگاهی‌اش را شامل شده و در نهایت به موضوع مورد بحث ما، یعنی تعاریفِ رایجِ جامعه از محصول، حرفه، نحوهٔ ارائه و فروشِ وی ختم می‌گردد.

همین‌طور تجربه نشان می‌دهد، با وجود این‌که نحوهٔ نگاه جامعه به بازاریاب‌های هر صنف، بسیار مهم و تعیین کننده است، اما اگر خود آن‌ها، تعریف بهتر و جامع‌تری از حرفهٔ خود داشته باشند و به زبان خودمانی، از نظر ذهنی جایگاه واقعی خود را بشناسند، به راحتی می‌توانند بر خریداران تأثیر گذاشته و ذهنیت آن‌ها را با خود همراه نمایند. بنابراین تعریف و تعیینِ جایگاهِ خاصِ اجتماعیِ هر حرفه یا تجارتی و هر تاجر یا بازاریابی، بسیار مهم و حائز اهمیت می‌باشد.

۱.۳- جایگاه فعلی بازاریابی شبکه‌ای

بازاریابی شبکه‌ای که صنعت نوینی در دنیا و شیوهٔ تجاریِ جوانی در ایران می‌باشد، ظرف پانزده سال گذشته، تعاریف و تصاویر متفاوت و گاه متضادی را از خود به جامعه ارائه داده است. گاه، نت‌ورکرها خود را پیشگامان و طلیعه‌داران تجارت نوین و منجیِ دوستان خود از شرایط نابسامان اقتصادی معرفی می‌کنند و بازاریابی شبکه‌ای را بهترین و تنها راه رسیدن به کامیابی می‌دانند. گاه، رسانه‌های عمومی با تیزترین حمله‌ها و انتقادها از مال التجاره‌های موجود گرفته، تا شیوه‌های آموزشی، فعالیت و تراکنش‌های مالی، این صنعت را تا مرز همدستی با جریان‌های تروریستیِ اقتصادی و شیطان پرستی، به قهقرا می‌کشانند.

این بازهٔ وسیعِ قضاوت که در کم‌تر شغل و حرفه‌ای دیده می‌شود، ناشی از نگرش‌های متفاوت حاکم و در نتیجه، شیوه‌های مختلف فعالیت نت‌ورکرها می‌باشد. بنابراین، شاید خالی از لطف نباشد تا نگرش‌هایِ مختلفِ فعالانِ این تجارت را محک بزنیم.

۱.۳.۱- بازارِ هدف، بازتابی از نگرش و شخصیت کاری

در همین راستا، یکی از شاخص‌های بسیار مهم، برای محک زدن جایگاه اجتماعی و شخصیتیِ هر تاجر و بازاریابی، بررسی بازار هدف او است. جالب است، بدانیم که طی پانزده سالِ گذشته در ایران، در صنعت بازاریابی شبکه‌ای، بعضی از مجموعه‌ها،[۱۷] در بین کارگران افغانی، به سرعت رشد کردند. در حالی که بعضی از مجموعه‌های دیگر، از دانشجویان دورهٔ کارشناسی ارشد، ورودی می‌گرفتند. مجموعه‌هایی بودند که بین بازاری‌ها و مغازه‌داران، رشد نمودند و بازارِ هدفِ برخی از تیم‌های دیگر، جامعهٔ پزشکان بود. با وجود این‌که تمامیِ این مجموعه‌ها، تحت یک عنوانِ واحد - بازاریابی شبکه‌ای - فعالیت می‌نمودند، اما اخلاق و نگرشِ متفاوتِ حاکم بر تجارت آن‌ها، باعث شده بود که هر کدام، شیوه و روش متفاوتی را برای فروش ابداع نموده، بتوانند در بازار هدف مشخصی فعالیت کرده و محصولات خود را به فروش برسانند.

به زبانی دیگر، نت‌ورکرها، همیشه می‌توانند، با توجه به آن تصویری که مایل هستند تا اجتماع از آن‌ها و شغلشان داشته باشد، بازار هدف و نیز یکی از شیوه‌های فروش را انتخاب و از آن استفاده نمایند.

---

۱۷ منظور، تیم فروشی است که به صورت بازاریابی شبکه‌ای فعالیت می‌کند و بازاریاب‌های جدید به آن تیم اضافه می‌شوند.

امیدوارم شما خوانندهٔ عزیز و محترم، نگرش ارائه شده در این کتاب را – که منطبق بر آخرین اصولِ تجارت‌هایِ نوین بوده و بنابراین بدون ریسک می‌باشد – جذاب و سودآور یافته و از آن استفاده نمایید.

البته، پر و واضح است که حکومت‌ها، دولت‌ها، رسانه‌های عمومی، اجتماع، مردم و حتی نزدیکان ما، صنعت بازاریابی شبکه‌ای و نت‌ورکرها را از روی نحوهٔ عملکرد آن‌ها قضاوت می‌نمایند، نه بر اساس ادعاها و حرف‌های زیبای آن‌ها. بنابراین، در نظر گرفتن این نکته بسیار لازم و ضروری است که اَعمال و شیوهٔ فعالیت نت‌ورکرها تعیین کنندهٔ جایگاه واقعی آن‌ها در اجتماع است و بنابراین، موضع‌گیری رسانه‌های عمومی نسبت به آن‌ها و نسبت به این تجارت نیز، بر همین اساس می‌باشد. به زبان ساده، اگر مطالب این کتاب را جالب و سودمند یافتید، صرفاً بازگو نمودن و انتقال آن به تیم فروش، نه تنها دردی را دوا نمی‌کند، بلکه ممکن است از دید اذهان عمومی، مصداق گزیده‌تر بردن کالا را پیدا نماید، که البته در میان مدت، همهٔ نت‌ورکرها از این موضوع، ضربه خواهند خورد.

۱.۴- طرح سؤال

ارائهٔ نگرش این کتاب را با طرح سؤالی آغاز می‌نماییم. سؤالی که همگان، بدون استثناء، هنگام رویارویی با این صنعت از خود و دوستان خود پرسیده‌اند.

هر فردی، پس از پرزنت[18] شدن و آشنایی با پتانسیل بالای درآمدزایی بازاریابی شبکه‌ای – که معمولاً در کم‌تر از یک ساعت و به صورت مختصر و

۱۸ Present، منظور معرفی شرکت، محصولاتش و ارائهٔ طرح سود رسانی آن می‌باشد.

تئوری به وی معرفی شده – به فکر فرو رفته و از خود خواهد پرسید:

- *آیا واقعاً در عمل، داشتن چنین درآمدی – چندین برابر آن‌چه تا به الآن، جرأتِ فکر کردن به آن را داشته‌ام – آن هم با دست خالی و بدون نیاز به هیچ امکانات و سرمایهٔ اولیه‌ای، امکان‌پذیر است؟*

به زبان ساده‌تر، امروزه، در ایران، در جامعه‌ای زندگی می‌کنیم که سطح درآمد، به صورت متوسط از ماهی ۵۰۰ یا ۶۰۰ هزار تومان، آغاز شده و به ماهیانه ۳ یا ۴ میلیون تومان می‌رسد[۱۹] – البته منظور، درآمدِ حاصل از کار و دسترنج شخصی، بدون استفاده از سرمایه یا سرمایه‌گذاری است – در چنین جامعه‌ای و در چنین شرایطی، شرکت‌هایی هستند که با عنوان بازاریابی شبکه‌ای، به شما پیشنهاد درآمد روزانه چندین میلیون تومان را می‌دهند.

اکنون سؤال این است که:

> **آیا چنین فرصتی، صحت و واقعیت دارد؟ آیا واقعا امکان پذیر است که بتوان دست خالی و بدون سرمایه‌گذاری و یا داشتن شرکتی، به چنین درآمد رویایی‌ای دست یافت؟**

و اگر جواب این سؤال مثبت است و چنین امکانی واقعاً وجود دارد، سؤال بزرگ این است که:

> **این اختلاف عظیم، از کجا ناشی می‌گردد؟ چگونه می‌توان سطح درآمد اشخاص را دست کم سی یا چهل برابر افزایش داد؟ این حجم عظیم سود از چه منبعی حاصل می‌گردد؟**

۱۹ منبع www.irantalent.com مقالهٔ IranTalent_Salary_Report_۱۳۹۲.pdf.

در قدم اول و با یک نگاه مقدماتی، جواب‌هایی از این دست مطرح می‌شوند: بُروز و رشد ارزش‌های بالقوهٔ نت‌ورکرها، سرشکن شدن هزینهٔ تبلیغات بین افراد، وجود طرح‌های متنوع سودرسانی[۲۰]، پخش شدن سرمایهٔ سرمایه‌داران بین مشتری‌ها، فعالیت تیمی، برنده-برنده کار کردن، استفاده از اهرم، استفاده از اینترنت و تجارت الکترونیک، استفادهٔ یک درصد از توان صد نفر به جای استفادهٔ صد درصد از توان یک نفر و غیره.

در این‌جا، دو نکتهٔ مهم وجود دارد:

اول، اگر این پاسخ‌ها – که در حقیقت همگی روش‌ها و متدهای مختلف انجام این نوع تجارت هستند و نه شرح چگونگی ظهور این فرصت و گسترش این نوع تجارت – پاسخ‌های مناسبی برای سؤال بزرگ ما بودند، باید این امکان وجود می‌داشت که بتوان همهٔ این روش‌ها و متدها را همراه هم، در هر نوع کار و تجارت دیگری به خدمت گرفت و درآمد و سود آن را صدها برابر، افزایش داد. اما در عمل، می‌بینیم که این امر امکان‌پذیر نیست و در کارها و تجارت‌های دیگر، گاه، فقط می‌توان بخشی از متدهای مذکور را به صورت ناقص به خدمت گرفت و سود و درآمد حاصل را اندکی افزایش داد.

دوم، با جواب‌هایی در این سطح، نمی‌توان به پاسخ مناسب، برای پرسش‌های زیر رسید:

> نت‌ورکر کیست؟ شغلش چیست؟ از چه راهی پول در می‌آورد؟ و آیا فرد مؤثری در جامعه است؟

---

۲۰ Compensation Plan

در حقیقت، می‌توان به سؤال بزرگ از دو زاویهٔ مختلف نگاه کرد:

اول، زاویهٔ دید نت‌ورکری است که بازاریابان شبکه‌ای در جواب سؤال مشتری‌هایشان،[21] از طُرُق مختلف، گاه با دادن اطلاعات صحیح و گاه با کمی شیطنت و دست گذاشتن بر روی نقاط حساسشان، آن‌ها را به راحتی ترغیب به ورود به شبکه‌های خود می‌نمایند. جواب‌های مصطلحی، مانند آن‌چه در بالا آورده شد، جواب‌های کاربردی و رایج، در این سطح می‌باشند. البته، بررسیِ این زاویه، شیوه‌های مختلف آن و اخلاقی بودن یا نبودن آن روش‌ها، از حوصلهٔ این کتاب خارج بوده و ان‌شاءا... در کتاب‌های آینده، به آن پرداخته خواهد شد.

دوم، نگرشی فلسفی و عمیق‌تر به این موضوع است که به صورت کلی، علت ظهور و گسترش پدیدهٔ بازاریابی شبکه‌ای، جایگاه آن نسبت به تجارت‌های دیگر و ارتباط کیفی آن را با دنیای پیرامون، در حال و آینده، بررسی می‌نماید.

در این کتاب، خواهیم دید که صنعت بازاریابی شبکه‌ای، متعلق به کدام دورهٔ تمدن می‌باشد، منطبق بر اصول کدام موج پدید آمده است و علت رشد و گسترش آن چیست؟

۱.۵- پیش‌فرض‌های لازم جهت مطالعهٔ این کتاب

برای انجام این بررسی، باید نکات زیر، در نظر گرفته شود:

اول، همان‌طور که همه می‌دانند، در دنیا هیچ چیزی مطلق نیست، بنابراین زمانی که در این کتاب دربارهٔ عده یا گروهی صحبت می‌شود، در واقع دربارهٔ اکثریت آن گروه صحبت می‌گردد. به عنوان نمونه، زمانی که گفته شده

۲۱ Prospect، منظور، افرادی که آن‌ها را برای پرزنت کردن در نظر می‌گیریم و در واقع ورودی‌های احتمالی ما هستند.

است، در موج اول، تجارت، معنی نداشت و همه کشاورز بودند، منظور این است که اکثر مردم به کشاورزی مشغول بودند. البته، همه می‌دانند که هزاران سال پیش تاجرانی وجود داشتند که بین خاور دور و خاورمیانه، آفریقا و اروپا تجارت می‌کردند. اما جمعیت آن‌ها، درصد بسیار کوچکی از جمعیت زمان خود بود.

دوم، در این کتاب، از بشریت به عنوان یک موجود زنده، واحد و هوشمند یاد شده است که آگاهانه کار خاصی را انجام می‌دهد. به عنوان مثال، گفته شده است، بشر تصمیم گرفت، وارد موج دوم شود. البته، شروع موج دوم تقریباً صد سال به طول انجامید و تمدن بشر، بین سال‌های ۱۶۵۰ تا ۱۷۵۰ میلادی، وارد موج دوم خود شد و "تافلر" کاملاً فرایند این تغییر را چه از نظر محتوی و چه از نظر زمانی، در آثار[۸] معروف خود توضیح داده است. اما در این‌جا، به خاطر سهولت بیشتر در بیان وقایع، بشریت، موجودی واحد فرض شده که آگاهانه، به سمتی مشخص در حرکت می‌باشد.

برای پاسخ به سؤال بزرگ، باید مفاهیم بیشتری را بررسی نمود. بنابراین، در ادامه ابتدا به بررسی یکی از رکن‌های کلیدی زندگی به نام «قدرت» و سپس اشکال مختلف آن می‌پردازیم.

۲- قــدرت

در این فصل مفهوم «قدرت»، به صورت محض، مؤلفه‌های آن و تأثیرات آن مؤلفه‌ها در جامعه، بررسی می‌شود.

شاید «قدرت»،[۲۲] قدیمی‌ترین مفهوم گره خورده در زندگی بشر باشد و کهن‌ترین عامل مؤثر در نظام تولید ثروت. اما در عین حال، کم‌تر کسی را می‌توان یافت که بتواند تعریف دقیقی از آن ارائه نماید. قطعاً، می‌توان ادعا نمود که «قدرت» رکن اصلی شکل‌گیریِ هر رابطه، تیم، سازمان یا کشوری بوده و مهم‌ترین وجهِ تمدنِ بشر می‌باشد که البته، در طول زمان، دستخوش تغییرات زیادی شده است.

۲.۱- اهمیت قدرت

قبل از بررسی مفهوم قدرت، بهتر است به اهمیت آن توجه نماییم.

در سطح خانواده، کسی که قدرت بیشتری دارد، نظام تعلیم و تربیت فرزندان – از دین و آیین گرفته تا تفریحات، علائق و آموخته‌هایشان – و در یک کلام، آیندهٔ آن‌ها را تعیین و کنترل می‌کند.

۲۲ در این کتاب، ما واژهٔ قدرت را به معنی اعمال قدرت بر مردم و با هدفی خاص بکار می‌بریم.

در تولید، تجارت و اقتصاد نیز، سود، تا حدِ زیادی محصولِ قدرت است و نه کارایی. فارغ از کیفیتِ خدمات یا محصولاتِ واحدهایِ اقتصادی، اگر آن‌ها این قدرت را داشته باشند که خواسته‌های خود را به کارمندان‌شان و همچنین بر فروشندگان مواد اولیه دیکته نموده، محصولاتشان را بر مشتری‌ها تحمیل کرده و قیمت محصولات را نیز خود تعیین نمایند، بسیار سودآور خواهند بود.

۲.۲- تعریف قدرت

قدرت در عریان‌ترین شکل خود، به معنی استفاده از سه عنصرِ خشونت، ثروت و دانایی،[۲۳] برای واداشتنِ یک شخصِ خاص یا گروهی از مردم، به انجام کاری خاص می‌باشد. شخصی که دوستانش یا مردم را با زور مجبور به انجام کاری می‌نماید، از عنصر خشونت استفاده می‌کند. کسانی که با پرداخت پول و هزینه و یا با وعده وعید، این کار را می‌کنند، از عنصر ثروت استفاده نموده و کسانی که صرفاً به دیگران، دانش و اطلاعات داده و تصمیم‌گیری را به عهدهٔ خود آن‌ها می‌گذارند، از عنصر دانایی استفاده می‌نمایند.

قدرت، به خودیِ خود نه خوب است و نه بد، بلکه این نحوهٔ استفاده از آن است که خوبی یا بدیِ آن را تعیین می‌کند. قدرت، وجه اجتناب‌ناپذیر هر رابطهٔ انسانی است و بر همه چیز از شغل و شیوهٔ زندگیمان گرفته، تا امید و آرزوهایمان تأثیر می‌گذارد. هر چیز یا کسی که بتواند خواستهٔ فرد دیگری را برآورده سازد، یک منبع بالقوهٔ قدرت می‌باشد؛ از فروشندهٔ مواد مخدری که می‌تواند از فروش مخدر به یک معتاد خودداری ورزد گرفته، تا رأی دهندگانی

۲۳ یا عضله، پول و مغز یا به قول ژاپنی‌ها شمشیر، جواهر و آینه، سه عنصر تشکیل دهندهٔ مفهوم قدرت می‌باشند.

که بخواهند به یک کاندیدای انتخاباتی رأی بدهند.

از آن‌جایی که وزنِ استفاده از هر کدام از عناصرِ قدرت، در طول هر یک از موج‌های تمدن، تغییر نموده است، برای بررسی الگوهای جهش، تغییر و تکاملِ تمدن – که از مباحث اصلی این کتاب است – ابتدا لازم است تا مفهوم قدرت، به صورت محض تعریف شده و سپس عامل قدرت در هر کدام از عصرها، به صورت مجزا بررسی گردد. تنها از این روش می‌توان، مفاهیمِ کلیدیِ دیگری، چون «پیروزی» و «شکست» یا «برد» و «باخت» را در هرِ عصرِ تمدن، تعریف و بررسی نمود.

۲.۲.۱- عنصر خشونت یا عضله

نام این عنصر، خود تعریف جامع و مناسبی برای آن می‌باشد. پدری که فرزندش را کتک می‌زند، صاحب‌کاری که شاگرد خود را تنبیه می‌کند یا پلیسی که خلاف‌کاری را به زندان می‌اندازد، همه از عنصر خشونت استفاده می‌کنند. البته معمولاً نیازی به استفادهٔ عملی از خشونت نیست و در بیشترِ مواقع تهدید نیز، همان نتیجه را خواهد داد.

۲.۲.۱.۱- عوارض عنصر خشونت

این مدل از قدرت عوارض مهمی دارد:

۱- همیشه عامل خشونت، باید حاضر و آمادهٔ استفاده باشد. در بُعد فردی، افراد باید با خود چماق حمل کنند و در بعد کلان، کشورها باید مسابقهٔ تسلیحاتی راه بیندازند.

۲- تأثیر عامل خشونت، بسیار کوتاه و لحظه‌ای می‌باشد. بنابراین، تا زمانی مؤثر

است که خشونت ادامه داشته باشد. به محض این‌که خشونت، قطع گردد، اثر آن نیز از بین می‌رود.

۳- اعمال خشونت، باعث ایجاد نفرت و مقاومت می‌گردد، زیرا قربانیان و بازماندگان آن، در کمین نخستین فرصت برای تلافی می‌نشینند.

۴- بنابراین ممکن است خشونت، در بلند مدت تأثیر عکس ایجاد نماید.

۲.۲.۲- عنصر ثروت یا پول

ثروت، به مراتب ابزار مناسب‌تری نسبت به خشونت محسوب می‌گردد و انعطاف پذیری بیشتری دارد. بر خلاف خشونت، می‌توان از پول، برای تشویق کردن و دادن پاداش، چه به صورت نقدی و چه به صورت کالا استفاده نمود. بنابراین، بر خلاف خشونت – که ذاتاً، ابزاری منفی محسوب می‌شود – می‌توان از ثروت، به شیوه‌ای مثبت نیز استفاده کرد. برده‌داران یا ناخدایان کشتی‌های موج اولی، تعجب خواهند کرد، اگر ببینند کارگران کتک نمی‌خورند و با ملوانان، بد رفتاری نمی‌شود، اما آن‌ها بیشتر کار می‌کنند و راضی‌تر هستند!

با پول می‌توان، نیروی عضله و خشونت را خرید و آن را تحت کنترل درآورد. بنابراین پول و ثروت قدرتی از نوع متوسط را به دست می‌دهد.

استفاده از ثروت، باعث ایجاد حسرت و حسادت می‌گردد. همچنین تأثیر آن اندکی ماندگار بوده و جاودانه نیست. دادنِ پاداش به یک کارمند، می‌تواند او را برای چند ماه، راضی و خشنود نگاه دارد.

۲.۲.۳- عنصر دانایی یا مغز

می‌توان ادعا نمود که سه عنصر اطلاعات یا دانش، مهارت و تجربه اشکال مختلف

دانایی میباشند. مهمترین عنصر قدرت، دانایی است. تا حدی که "تافلر" عدم توجه به آن را دلیل اصلی فروپاشی امپراتوری شوروی میداند.[۲۴] دانایی هرگز از میان نمیرود بلکه فقط ارزش آن در طول زمان تغییر میکند. به کمک دانایی، علاوه بر پیش بردن کار خود، میتوان دیگران را واداشت تا – گاه خلاف میل باطنی خودشان – کاری را که ما میخواهیم، انجام دهند. به کمک دانایی، میتوان پول و خشونت را به خدمت گرفت و تأثیر آنها را چند برابر نمود. یعنی میتوان به نحوی برنامهریزی نمود که از کمترین منابع قدرت، بیشترین استفاده و بهرهگیری حاصل شود.

عنصر دانایی، بهترین نوع قدرت است و بیشترین انعطاف پذیری را دارد. از دانایی میتوان برای تنبیه و پاداش، ترغیب و حتی دگرگونسازی استفاده نمود. میتوان دشمن را به دوست تبدیل کرد. بهتر از همه، فرد با داناییِ درست میتواند، در موقعیتهای نامناسب، پیشدستی کرده، وضعیت را تحت کنترل خود درآورده و از هدر رفتن نیرو و پول جلوگیری نماید.

امروزه، عناصرِ دیگرِ قدرت، یعنی زور و ثروت به میزان حیرتانگیزی به دانایی وابسته شدهاند. روی آوردن ارتشها به استفاده از دانایی و همچنین قدرت گرفتن سازمانهای جاسوسی و ضد جاسوسی، بیانگر وابستگی زور و خشونت، به دانایی است. از سوی دیگر، بانکها و مؤسسات مالی که سمبل عنصر ثروت هستند، حتی برای کسری از ثانیه، نمیتوانند بدون استفاده از رایانهها و ابررایانهها به حیات خود ادامه دهند.

شاید بتوان گفت، تنها ایراد عنصر دانایی، نرخ قابلیت تبدیل آن به

---

۲۴ "گورباچوف" ضمن نطقی در سال ۱۹۸۹، یعنی سی سال پس از آنکه نظام نوین تولید ثروت در آمریکا پدیدار شد، اعلام کرد: ما تقریباً آخرین کسانی بودیم که پی بردیم در عصر علوم اطلاعاتی، ارزشمندترین دارایی، دانایی است. منبع (۵ ص. ۸۵)

ثروت یا به زبان خودمانی، قابلیت نقد کردن آن است. گاهی افراد، دانایی‌های زیادی دارند؛ اما دانایی لازم، برای نقد کردن دانایی‌های خود را ندارند! به عنوان نمونه، می‌توان اساتید دانشگاهی یا مشاورانی را مثال زد که ثروتی ندارند.

یکی از بزرگ‌ترین مزایای بازاریابی شبکه‌ای، ایجاد بستر و امکان، برای اعضاء، جهت نقد کردن دانایی‌شان می‌باشد. زیرا این صنعت، باعث افزایش و چند برابر شدنِ ارتباطاتِ افراد شده و افزایش ارتباطات، باعث افزایش قابلیت نقد شوندگی دانایی می‌گردد.

۲.۲.۳.۱- فواید عنصر دانایی

علاوه بر موارد ذکر شده در تعریف این عنصر، دانایی، فواید دیگری نیز دارد:

۱- تأثیر عنصر دانایی، معمولاً، در ابتدا بسیار کند و آرام است. اما بیشترین اثر را در طول زمان ایجاد نموده و گاه تأثیر آن جاودانه خواهد بود. حتی با یک برنامه‌ریزی صحیح و مناسب، می‌توان به نحوی از دانایی استفاده نمود که در طول زمان، تأثیر خود را تقویت کرده، تغییر بیشتری ایجاد نماید و باعث فرهنگ‌سازی گردد.

۲- بر خلاف زور و ثروت که ماهیتاً محدود می‌باشند، دانایی، تنها عنصری است که نامحدود است. زیرا، همیشه می‌توان دانشِ بیشتری تولید نمود.

۳- دانایی یگانه عنصری است که چند نفر می‌توانند، به شکل همزمان، از آن استفاده کنند. به زبانی دیگر، دانایی از جایی به جای دیگر منتقل نمی‌شود؛ بلکه کپی می‌گردد. هرگز چند یا حتی دو نفر نمی‌توانند همزمان از یک تفنگ استفاده کنند. یا نفر اول از آن استفاده می‌کند یا نفر دوم. همچنین،

یک اسکناس صد تومانی را فقط یک نفر می‌تواند خرج کند. در عوض، اگر کسی دانشی داشته باشد که به وی سود برساند، می‌تواند با درمیان گذاشتن آن با دو یا چند نفر، همهٔ آن‌ها را به اندازهٔ خویش، در سود آن سهیم نماید.

۴- با انتقال دانایی، از شخصی به شخص دیگر، نه تنها ارزش آن کم نمی‌شود؛ بلکه گاه، دارای ارزش افزوده خواهد شد. یعنی دانایی، تنها عنصر قدرت است که انتقالش، باعث تقویت خودش می‌شود.[۲۵]

۵- هزینهٔ انتقال دانایی، در مقایسه با انتقال زور و ثروت، تقریباً صفر می‌باشد و دانایی، تنها عنصری است که آزادانه و بدون هیچ محدودیت زمانی و یا مکانی، قابلیت انتقال دارد.

۶- دانایی، مردمی‌ترین منبع قدرت است. بر خلاف زور و ثروت، که همیشه در انحصار افراد قدرتمند جامعه بوده و افراد عادی اجازهٔ قدرتمند شدن– یعنی زورمند یا ثروتمند شدن – پیدا نمی‌کردند، دانایی به راحتی در دسترس همه قرار دارد و همهٔ اقشار ضعیف و فقیر جامعه نیز، می‌توانند دانایی را کسب نمایند. این مسئله، یعنی انقلابی در نظام توزیع قدرت.

۷- عرضه و انتقال دانایی، باعث ایجاد علاقه، احترام و وفاداری می‌گردد.

۲.۳- جابه‌جایی و تغییر شکل قدرت[۲۶]

قدرت، در طول دوران تمدن بشر، در دو محور متحول گشته است. **اول**، در هر دورهٔ تمدن، میزان استفاده و تأثیر هر کدام از عناصر آن تغییر کرده است، که آن را تغییر شکل قدرت می‌نامیم. **دوم**، به موازات تغییر شکل قدرت، نظام

---

۲۵ برای اطلاعات بیشتر مراجعه شود به (۹ ص. ۱۱۴)

۲۶ Powershift & Power shift

توزیع آن نیز تغییر کرده است، که آن را جابه‌جایی در قدرت می‌خوانیم. در ادامه خواهیم دید که این تغییر شکل و جابه‌جایی قدرت در هر موج، چگونه برتمامی جنبه‌های زندگی و تجارت، تأثیرهای جدی و عمیقی گذاشته است.

شاید بتوان گفت، «جابه‌جایی و تغییر شکل قدرت» در هر موج، نه مقدم بر پیدایش «امواج تمدن» می‌باشد و نه نتیجهٔ آن. بلکه این دو هم‌زمان با یکدیگر رخ داده و بین آن‌ها رابطهٔ مستقیمی وجود دارد.

در حقیقت، فقط با شناخت و درک دو عامل جابه‌جایی در قدرت و تغییرِ شکلِ آن است که می‌توان به دلایلِ پیدایش، رشد و گسترشِ بعضی پدیده‌ها و نابود گشتن برخی دیگر از آن‌ها پی برد. همچنین واکنش‌ها، حمایت‌ها و مخالفت‌های مردم، رسانه‌های عمومی و دولت‌ها را نسبت به آن پدیده‌ها پیش‌بینی نمود.

بنابراین، جهت تعیین جایگاه بازاریابی شبکه‌ای و تشخیص افول یا صعود آن، در ادامه و در چهار فصل آینده به بررسیِ دو موضوع جابه‌جایی قدرت و تغییر شکل آن خواهیم پرداخت.

۲.۴- جمع بندی

۱- زور، عنصر قالب و سمبلِ موج اول، ثروت، برای موج دوم و دانایی، برای موج سوم می‌باشد.

۲- اعمال زور، باعث ایجاد تنفر و نفرت، استفاده از ثروت، باعث ایجاد حسادت و حسرت و عرضهٔ دانایی، باعث پیدایش احترام، علاقه و وفاداری می‌گردد.

۳- قدرتِ دو عنصر زور و ثروت، در متمرکز بودن آن‌ها، نزد صاحبان‌شان

می‌باشد. حال آن‌که قدرتِ عنصرِ دانایی، در به جریان افتادن، پخش بودن و گستردگی آن می‌باشد.[۲۵]

۴- طبق شکل زیر، از چپ به راست، تأثیر لحظه‌ای قدرت کم می‌گردد، اما در عوض، ماندگاری و پایداری آن، افزایش پیدا می‌کند.

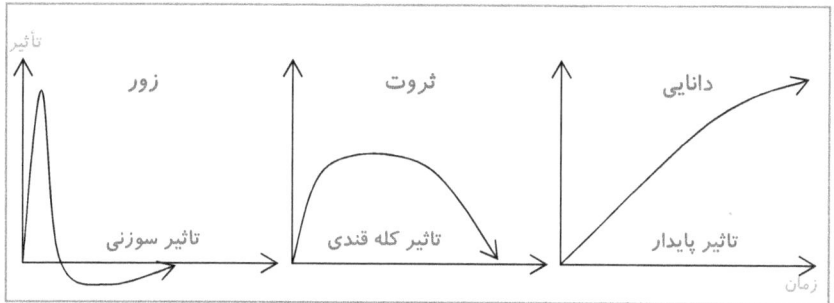

شکل ۱: نمودار تأثیر سه عنصر قدرت در واحد زمان

۵- تغییر شکل و جابه‌جایی قدرت، باعث ایجاد تغییر در تمامی جنبه‌های زندگی می‌گردد. دامنهٔ این تغییر، از شیوه‌های مدیریتی تا نظام توزیع ثروت را شامل می‌گردد.

۳- موج اول، موج کشاورزی

در این فصل، اختراع کشاورزی، به عنوان مبدأ تاریخ تمدن بشر انتخاب شده است و شرایط زندگی در آن دوران بررسی می‌گردد.

ده‌ها هزار سال قبل، انسان‌های اولیه، در گروه‌های کوچک و غالباً مهاجر می‌زیستند که از راه جمع‌آوری آذوقه، ماهیگیری و شکار ارتزاق می‌کردند. در نقطه‌ای از تاریخ – حدود هشت هزار سال قبل از میلاد مسیح – کشاورزی اختراع شد، روستاها شکل گرفت و زمین‌های زراعی پدید آمد و شیوهٔ جدیدی از زندگی متداول شد. به این ترتیب، اولین موج تمدن بشریت آغاز گردید.

در آن دوران، حیات در دهکده‌ها شکل می‌گرفت. تعداد طبقات جامعه معین بود. خانوادهٔ سلطنتی، اشراف، روحانیون، رزم‌آوران، رعایا، بردگان و غلامان. بنابراین، تقسیم ساده‌ای از کار، حکم‌فرما بود. مقام هر فرد در زندگی، بسته به طبقه‌ای بود که او در آن زاده می‌شد. کسی نمی‌توانست، طبقهٔ خود را عوض کند. ساختار قدرت، تمام و کمال استبدادی بود. درآمد و دارایی، بیشتر بر پایهٔ طبقهٔ اجتماعی و القابِ افراد توزیع می‌شد تا لیاقت، تلاش و دسترنجِ آنها.

اقتصاد، نامتمرکز بود. به این معنی که هر ناحیه و محله، مایحتاجش را خود فراهم می‌آورد. در هر ناحیه، خانواده‌های پر جمعیت و چند نسلی، اکثر

نیازمندی‌های خود را تولید نموده و به خانواده‌های دیگر وابسته نبودند. اعضای یک خانواده، عموماً عبارت بودند از پدر و مادر، فرزندانِ پسر و همسرانشان، نوه‌ها و نتیجه‌های‌شان و گاهی عموها، دایی‌ها، عمه‌ها و خاله‌ها، بنابراین، تعداد افراد یک خانواده، به ده‌ها نفر می‌رسید. خانوادهٔ "اسدا... خان" در سریال پدرخوانده،[۲۷] نمونهٔ کوچکی از یک خانوادهٔ موج اولی بود.

این واحدهای اقتصادی، فقط برای مصارف شخصی خود و به قول معروف: به اندازهٔ بخور و نمیر، کاشت و تولید نموده و انگیزه‌ای برای افزایش تولید و تولید مازاد نداشتند، زیرا می‌دانستند که مازاد تولیدات آن‌ها، توسط اربابان و حکمران‌ها غصب خواهد شد. بنابراین، محصولات و اختراع‌های آن دوران، همه جزو کالاهای ضروری بودند و دارایی یا سرمایهٔ اضافی وجود نداشت.

از طرف دیگر، کالاها، عموماً دست‌ساز بودند و در هر زمان از یک کالا یک عدد ساخته می‌شد. نظام توزیع نیز به همین صورت انجام می‌گرفت.

بنابراین، نه انگیزه‌ای برای تولید اضافی وجود داشت و نه شبکه‌ای برای توزیعِ محصولات مازاد. در کل، تجارت، همه‌گیر نبود و مردم یک کشور، ارتباط چندانی با یکدیگر نداشتند. زیرا نیازی به برقراری ارتباط وجود نداشت. در نتیجه، مفاهیمی مانند تولید، پول، بازار و سرمایه وجود نداشت.

زمین و دام، دارایی مردم بود. هر کسی دام و زمین بیشتری داشت، ثروتمندتر بود. زندگی و تعاریف آن، بسیار ساده و ابتدایی بود.

هر کسی زور و خشونت بیشتری داشت، قدرتمندتر بود. ضُعفا یا از گرسنگی تلف می‌شدند یا مورد هجوم غارتگران و دزدان قرار می‌گرفتند یا توسط حیوانات وحشی خورده می‌شدند.

---

۲۷ یک مجموعهٔ تلویزیونی درام، محصول سال ۱۳۷۴.

جوامع موج اول، انرژی مورد نیاز خود را از نیروی عضلانی حیوان و انسان، یا از باد و آب می‌گرفتند. درختان جنگل‌ها را برای طبخ غذا و ایجاد گرما قطع می‌کردند. در کل، منابع انرژی موج اول احیا شدنی بود.

ابزار مورد استفاده عموماً چرخ‌ها، گاو آهن‌ها و اهرم‌ها بودند و اساساً برای تقویت نیروی عضلانی انسان یا حیوان بکار می‌رفتند.

زمان‌بندی تعریف نشده بود و زمان، واحدهایی قراردادی داشت. برای اندازه‌گیریِ طولِ زمانِ یک اتفاق، آن را با اتفاق‌های دیگر می‌سنجیدند. مثلاً می‌گفتند: این کار به اندازهٔ یک نماز عصر یا خواندن دعای ربانی طول می‌کشد.

۳.۱- راه حل خشونت‌آمیز

البته، ظهور و گسترش موج اول تمدن، نه تنها منطقی و آسان اتفاق نیفتاد، بلکه در واقع بسیار خونین و خشونت‌آمیز بود. به عنوانِ مثال، در آمریکا، سفید پوستانِ مهاجر، برای برپاییِ تمدنِ موج اول، بی‌رحمانه از شرق تا غربِ قاره را درنوردیده، سرخ‌پوستان را قتل عام نموده و فرهنگشان را نابود کردند.

۴- موج دوم، موج صنعتی

در این فصل، موجِ دومِ تمدن، از دلایل و شیوهٔ پیدایش آن، تا نتایج و تأثیرات آن بررسی میگردد.

دانستن این مطالب، باعث میگردد که در فصلهای بعدی، راز مخالفت با صنعت بازاریابی شبکهای، همچنین دلیل شکست بعضی از شرکتهای نتورک و برخی از نتورکرها آشکار گردد.

موج اول، حدود ده هزار سال طول کشید. در اواسط قرن هفدهم میلادی، سطح دانش، آگاهی و تجربهٔ بشر به حدی رسیده بود، که متفکران، فیلسوفان و آرمانگرایانِ آن زمان، زمینه را برای ایجاد وحدت، هماهنگی و اشتغال برای همه، آماده میدیدند. همچنین پایان امتیازهای موروثی و تساویِ ثروت و امکانات، امری دستیافتنی به نظر میرسید.[۲۸]

برای اولین بار، انسانها به خود جرأت دادند تا باور کنند که میتوان گرسنگی، فقر، بیماری و استبداد را از بین برد. همه میتوانند بهتر زندگی نموده و به لوازمِ اولیه زندگی دسترسی داشته باشند. این افقِ جدید، گسترهٔ شگفتانگیزی از امید به مردم هدیه داد. مردم به خود حق دادند تا با

---

۲۸ "تافلر" جهانبینیِ موج دوم را سه مفهوم جنگ با طبیعت، تکامل و اصل پیشرفت میداند.

تصمیم‌گیرندگان و حکام مخالفت ورزیده، بخواهند در تعیین حکومت و سرنوشت خود دخیل باشند و برای احقاقِ حقوقِ خود، دست به مبارزات شدید و گاه خونین بزنند.

برای رسیدن به این آرمان‌ها، جامعه و تمدن، احتیاج به تعاریف جدید و جامع‌تری داشت. مثلاً، برای این‌که همهٔ مردم بتوانند به کلیهٔ کالاهای موجود، دسترسی داشته باشند، باید دو اتفاق می‌افتاد. **اول**، این‌که از هر کالایی به تعداد زیاد تولید می‌شد، تا آن کالا در دسترس همه قرار داشته باشد و **دوم**، این‌که هزینهٔ تولید کالاها و در نتیجه، قیمت فروش آن‌ها کاهش می‌یافت، تا همه قدرت خرید آن را داشته باشند.

۴.۱- شش اصل موج صنعت

بنابراین، شش اصل زیر، در راستای رسیدن به اهداف فوق تعریف شدند. این شش اصل، به یکدیگر وابسته و در هم تنیده شده بوده و یکدیگر را در طی عمر سی‌صد سالهٔ موج دوم تقویت نمودند. اما، برای سهولت، آن‌ها را جدا از هم بررسی می‌نماییم.[۲۹]

۴.۱.۱- استاندارد (همسان‌سازی)

برای کاهش هزینه‌ها، «استاندارد» تعریف شد. «استاندارد» ، یعنی برای انجام هر کاری، از میان راه‌های گوناگون، فقط یک روش بهتر – کم هزینه‌تر –، یک ابزار بهتر و یک زمان تعیین شده، برای به اتمام رساندن آن وجود دارد.

---

۲۹ البته، در حقیقت این شش اصل به تدریج و به خاطر ظهور و گسترش کارخانه‌ها و بنابراین، تفکیک دو جنبهٔ مهم زندگی، یعنی «تولید» و «مصرف»، پدید آمدند.

برای اولین بار، در سال ۱۸۶۰ یکی از کارمندان ادارهٔ پُستِ آمریکا، متوجه شد که دو نامهٔ مشابه، الزاماً از مسیر یکسان، به مقصد نمی‌رسند. او ایدهٔ استاندارد کردنِ مسیرِ ارسالِ نامه‌ها را ارائه نمود و باعث ایجاد انقلابی در ادارهٔ پُست گردید.

امروزه، استاندارد، علاوه بر نفوذ و تسخیر کارخانه‌ها، بر همه چیز، اعم از ضوابطِ پرداختِ حقوق، پاداش، سود و مالیات گرفته تا سیستم‌های آموزشی مدارس و دانشگاه‌ها و مقیاس‌های اندازه‌گیری، سایه انداخته و باعث ایجاد سیاست تعیینِ قیمتِ ثابت، برای فروش کالاها گردیده است، که در حقیقت، همان استاندارد شدن قیمت‌هاست.

در کل، استاندارد کردن، باعث افزایش کارایی می‌شود. بنابراین، موج دوم با بکار گرفتن سرسختانهٔ اصل استاندارد، بهره‌وری را افزایش داد، اما در عوض در بسیاری از سطوح، تفاوت‌ها را از بین برد.

۴.۱.۲- تخصصی کردن

قدم دیگر، تخصصی کردن کارها و حرفه‌ها بود که باعث افزایشِ کاراییِ کارگران و کاهشِ اتلافِ وقت و اتلافِ نیروی آن‌ها می‌شد. در نتیجه، علاوه بر کاهش هزینه‌های تولید، باعث افزایش حجم آن نیز می‌گردید. امروزه، این اصل چنان در زندگیِ روزمرهٔ ما نهادینه شده است که تصورِ خلاف آن، یعنی تصور این‌که هر کسی بتواند تمامی مایحتاج مورد نیازش را خود تولید نماید، غیر عملی و غیر منطقی خواهد بود.

به عنوان مثال، اگر روالِ ساختنِ یک سنجاق را بررسی نماییم، یک کارگر موج اولی که همهٔ هجده عمل مختلف برای تولید سنجاق را خودش به

تنهایی انجام می‌داد، روزانه، فقط می‌توانست حدود بیست عدد، سنجاق بسازد. در مقابل، در یک کارگاه موج دومی که ده کارگر متخصص، هر کدام عهده‌دار یک یا چند عمل هستند، به اتفاق می‌توانند، روزانه بیش از ۴۸ هزار سنجاق تولید کنند. یعنی بطور متوسط هر کارگر چهارهزار و هشتصد سنجاق در روز!

این اصلِ تخصصیِ کردن و تقسیمِ کار، از کارگرانِ کارخانه‌ها شروع شد، به تدریج، در دِه‌ها و شهرها اجرا گردید و در نهایت در سطح کشورها اعمال شد. بنابراین، هر کشوری، در صادرات محصولاتی خاص، نام آور گردید.

۴.۱.۲.۱- پیدایش خط تولید

یکی از تبعاتِ جالبِ تخصصی کردن، پیدایش خط تولید کارخانه‌ها بود. زمانی که هر فرد، قسمتی از روال تولید را بر عهده بگیرد و مسئول بخشی از چرخهٔ تولید باشد، کارگرها، برای تولید هر چیزی، باید پشت سر هم قرار گرفته و به ترتیب وظایف خود را انجام دهند. خط تولید، به همین روال، شکل گرفته است. این امر، خود بیش از پیش، باعث تقویت اصل همسان‌سازی و از بین رفتن تفاوت‌ها، بین محصولات گردید. زیرا اگر تا دیروز، در یک کارگاه لیوان سازی یا کوزه‌گری، هر کارگری، به یک شکل یا طرح خاص، لیوان یا کوزه‌ای می‌ساخت، بعد از پیدایشِ خطِ تولید، همهٔ محصولات آن، کاملاً شبیه به یکدیگر شدند.

۴.۱.۳- هم‌زمان‌سازی

در مثال قبل، راجع به تولید سنجاق، اگر فرض کنیم که خط تولید آن در کل فقط شامل سه بخش بریدن، خم کردن و سوهان زدن باشد، کارگری که وظیفهٔ خم کردنِ سنجاق را بر عهده دارد، همیشه منتظر کارگری است که ابتدا برش را

انجام می‌دهد و کارگری که کارش سوهان زدن است نیز، منتظر کارگری است که وظیفهٔ خم کردن را دارد.

در کل، در کارخانه‌های بزرگ و خط‌های تولید طویل، نمی‌توان ماشین آلات گران قیمت را به حال خود رها نمود و انتظار داشت که آن‌ها همگی هماهنگ با همدیگر کار کنند. اگر گروهی از کارگران، در کارخانه‌ای در انجام کاری تأخیر کنند، کارِ کارگرانِ رده‌های بعدی خط تولید، به تأخیر خواهد افتاد. از آن‌جایی که در موج دوم، «زمان مساوی است با پول» و هر تأخیری چه در امر تولید و چه در امر توزیع، به معنی ضرر و از دست دادن سرمایه است، هم‌زمان‌سازی و وقت شناسی، بدل به ضرورتی اجتماعی گردید. بر همین مبنا، تعداد ساعت‌های مچی و دیواری، روز به روز افزایش یافت.

به این ترتیب ساعات کار، آموزش، تفریح و استراحت، همه هم‌زمان شدند. اگر اصل هم‌زمان‌سازی نباشد، ممکن است زمانی که شما به سر کار می‌روید، آن کسی که با وی کار دارید، تازه به خانه رفته باشد یا زمانی که دوست دارید به سینما رفته و فیلمی ببینید، فیلمی پخش نشود.

۴.۱.۴- تراکم

در موج دوم، همه چیز متراکم شد! افراد از روستاهای پراکنده، در شهرها متراکم شدند. تولید از مزارع و باغ‌های بزرگ و کارگاه‌های کوچک، در کارخانه‌ها متراکم شد. حتی تبهکاران را به جای تازیانه زدن، جریمه یا تبعید، در زندان‌ها جمع کردند. بیمارها را در بیمارستان‌ها و دیوانه‌ها را در تیمارستان‌ها سامان دادند. آموزش‌های مکتبی و پراکنده، در مدرسه‌ها و دانشگاه متمرکز شد. همه چیز متراکم شد. مثلاً قطار، یعنی حمل و نقل کالاها و عبور و مرور مردم که به

صورت متمرکز در یک راه استاندارد انجام می‌شود. حتی اختراعات جدیدی که برای سرگرمی و تفریح مردم بود؛ تحت تأثیر این اصل، یعنی تراکم بودند. سینماها و سالن‌های نمایش و تئاتر یا شهربازی‌ها، همه به صورت متمرکز، باعث سرگرمی مردم می‌شدند.

حتی انرژی و باتری حیات موج دوم، سوخت‌های فسیلی و متراکم هستند. اما تراکم، به این‌جا محدود نشد. شاید مهم‌ترین نمود این اصل، تراکم و تمرکزِ سرمایه و خلق شرکت‌های سهامی غول پیکری بود که عمدهٔ بازار را در انحصار خود درآوردند.

۴.۱.۵- بیشینه‌سازی

در تمدنِ موج دوم، قرار بر این بود که هر کالایی تولید انبوه شود، تا در دسترس عموم جامعه قرار بگیرد و همه بتوانند آن را تهیه و استفاده کنند. این تولیدِ بیشتر، باعث کاهش بیشتر هزینه‌های تولید گردید. از طرف دیگر، همین ایده، یعنی «تولید بیشتر باعث کاهش هزینه‌های تمام شدهٔ کالا می‌باشد»، رفته‌رفته در سایر فعالیت‌های اقتصادی نیز نمود پیدا کرد و بنابراین، مفهوم «بزرگ»، رفته‌رفته مترادف با «کارا» شد. امروز،ه لغت «عمده»، در نظام تولید و توزیع مفهوم مشخص و واضحی دارد. به عنوان مثال، عمده فروشان، کسانی هستند که اجناس را به ارزان‌ترن قیمت می‌خرند.

رقابت برای برپا ساختن وسیع‌ترین کارخانه‌جات و خط‌های تولیدی که انتهای آن‌ها معلوم نیست، بلندترین آسمان‌خراش‌ها، بزرگ‌ترین ورزشگاه‌ها، عظیم‌ترین فروشگاه‌ها یا بزرگ‌ترین دریاچه‌ها و کانال‌هایِ آبیِ مصنوعی، ثمرهٔ اصل بیشینه‌سازی است.

۴.۱.۶- تمرکز

در مقایسه با اقتصاد نامتمرکزِ موج اول که «خانواده»، واحد اقتصادی مستقل بود، اقتصادِ ملیِ یکپارچهٔ موجِ دومی که توسط دولت‌ها اداره می‌شد، نیازمند روش‌های جدیدی، جهت تمرکز قدرت بود. بنابراین، اشکال تازهٔ تشکیلاتی و سازمانی، مبتنی بر تمرکز اطلاعات و فرماندهی ابداع گردید.

زمانی که عده‌ای دور هم جمع شده و کاری انجام می‌دهند، نیازمند یک تصمیم‌گیرنده و جهت دهنده به نام مدیر هستند. در دوران موج اول، مدیریت در هر خانواده، توسط مسن‌ترها یا افرادی که تجربهٔ بیشتری داشتند، انجام می‌پذیرفت. اما این روش برای ادارهٔ کارخانه‌های عظیم، شبکه‌هایِ حمل و نقلِ ریلی یا شهرهای پر جمعیت موج دومی، مناسب نبود. بنابراین روال‌های نظارتی و مدیریتی به وجود آمدند.

همین اتفاق، در سطح کلان‌تر و در عرصهٔ سیاست نیز افتاد و قدرت، به دولت مرکزی انتقال یافت. در حقیقت، نیاز به قدرتِ متمرکزِ دولت مرکزی، نه فقط برای سیاست خارجی و نظامی، بلکه برای رشد و شکوفایی اقتصادی کشور، ضروری می‌نمود. به عنوان نمونه این دولت‌ها بودند که توانایی ساخت بندرگاه‌ها، جاده‌ها و شاهراه‌ها را داشتند و گسترش خطوط راه آهن را تسریع نمودند و نظام‌های ارتباطی، مانند شبکه‌های پست و تلفن را برپا ساختند. بدون تمرکز قدرت در دست دولت مرکزی، انجام این امور ممکن نبود.

به همین دلیل، بانک مرکزی که یکی از مهم‌ترین ابزار دولت‌ها، برای نظارت و کنترل اقتصاد و جامعه می‌باشد، اختراع شد. پول، با پشتوانهٔ دولتی را انتشار داد و عملیات سایر بانک‌ها را منظم نمود و نظارت متمرکز بر عرضهٔ سرمایه را به عهده گرفت.

بنابراین برنامه‌ای متشکل از شش اصل فوق کم و بیش در همهٔ کشورها،

چه با نظام سرمایه‌داری و چه با نظام سوسیالیستی اتفاق افتاد و تمدن موج دوم

یعنی عصر صنعت را شکل داد. این شش اصل باعث به وجود آمدن شیوه و

الگوی متفاوتی در همهٔ زمینه‌ها از جمله کار، زندگی و تفریح شدند.

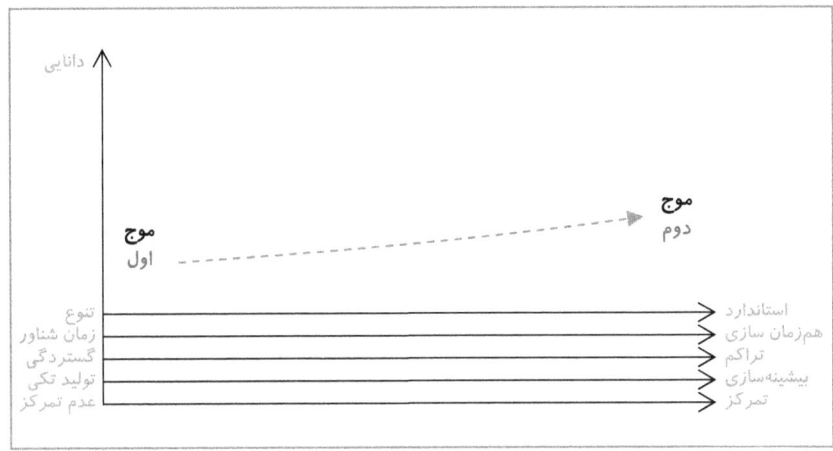

شکل ۲: نمودار حرکت به سمت موج دوم

۴.۲- دستاورد دنیای صنعتی

قبل از انقلاب صنعتی، در انگلستان، متوسط طول عمر، بین سی تا چهل سال بود.

به ندرت اتفاق می‌افتاد که زن و شوهر، سالیان درازی در کنار یکدیگر زندگی

نمایند و زنده‌ماندن نوزادان و زندگی کودکان، به شانس بستگی داشت.

با انقلاب صنعتی، دوران گرسنگی، سوء تغذیه، فقر، بی‌سوادی، جهالت،

بیماری‌های واگیردار، مرگ و میر، بی‌خانمانی، جراحی‌های بدون بیهوشی و

استبداد و ظلم و ستمِ اربابان به انتها رسید. دسترسی به بهداشت، خدمات درمانی،

آب لوله کشی، شبکهٔ برق و تعلیم و تعلّم، برای همگان میسر گردید و بنابراین،

سطح کیفیت زندگی مردم به طرز محسوسی ارتقاء پیدا نمود. اکنون هر شخصی

حق دارد تلاش کند، صاحب مال و دارایی شود، به فعالیت و داد و ستد بپردازد، اندوخته‌ای به دست آورده و به موفقیت برسد یا در گرسنگی باقی بماند. زندگی‌نامهٔ بزرگانی که با دست خالی و در پرتو نور چراغ‌های گردسوز، تحصیل نموده و با کار و تلاش فراوان به بلندترین قله‌های موفقیت رسیدند، مرهون همین تمدن صنعتی است.

۴.۳- راه حلی خشونت‌آمیز

البته باید اضافه کرد که علیرغم تمامی این مزایا، موج دومِ تمدن نیز با خشونت آغاز شد و با بی‌رحمی گسترش پیدا کرد و جایگزین تمدن کشاورزی گردید. در اواسط قرن ۱۹ میلادی، آمریکا هنوز تحت سلطهٔ صاحبان منافع کشاورزی بود. در آن زمان شمال شرق آمریکا، بخشی صنعتی داشت که به سرعت در حال رشد و گسترش بود. اختلافات داخلی آمریکا بین شمال و جنوب، در حقیقت بر سر این موضوع بود که این قارهٔ جدید توسط کشاورزان اداره گردد یا توسط صنعتگران. این اختلافات تا سال ۱۸۶۱ به اوج خود رسید و تبدیل به جنگی مسلحانه و خونین شد و در نهایت با پیروزیِ ارتش شمال، موج اول فرو نشست و آینده به دست صنعتگران موج دوم سپرده شد.

در روسیه نیز، همین اتفاق افتاد و انقلاب ۱۹۱۷ پایانی برای فرمانروایی فئودال‌ها و آغاز یک فرایند صنعتی شدنِ شتاب‌آلود بود.

۴.۴- تبعات این شش اصل

به مرور زمان، با پیشرفت علم و تکنولوژی، تنوع بیشتری در حوزهٔ کار به وجود آمد. بنابراین، روستاییِ همه فن حریفی که اغلبِ نیازهایش را خود تولید

می‌نمود، رفته‌رفته جای خود را به کارگر متخصصی داد که فقط در انجام یک یا چند کار مهارت داشت. همین جایگزینی، تأثیرات عجیبی بر روال زندگی بشر گذاشت و همه چیز را از فرهنگ گرفته تا روابط عاطفی دگرگون ساخت.

روستایی‌هایی که تا دیروز، در واحدهای اقتصادی کوچک – خانواده – اغلبِ نیازهای خود را تولید می‌نمودند، امروز، برای داشتن کاری پر درآمدتر در ساعات کاری کم‌تر، خانواده‌های پر جمعیت خود را به قصد کار در کارخانه‌ها ترک نموده و تبدیل به کارگرانِ متخصص شدند. اتفاق عجیب این بود که آن‌ها دیگر قادر به تولید مایحتاج خود نبوده و می‌بایست، آن‌ها را از تولیدکننده‌گان دیگر تهیه می‌کردند. نتیجه این‌که همهٔ افراد یک دِه یا شهر، رفته‌رفته برای ادامهٔ زندگی، به یکدیگر، وابستگیِ شدیدی پیدا کردند. به عنوان مثال در یک روستا، باغداری به خاطر شرایط جغرافیایی، بهترین بازدهی را داشت و در روستایی در سمت دیگری از کشور، دامداری و کشاورزی به صرفه‌تر بود. این روستاها، برای تهیهٔ مایحتاج خود، نیازمند مکانیزمی برای داد و ستد شدند.

۱.۴.۴- شکاف نامرئی

به زبان ساده، من تا دیروز همهٔ نیازهایم را خودم برآورده می‌نمودم. غذایم را خودم می‌کاشتم، لباسم را خودم می‌دوختم و خانه‌ام را خودم می‌ساختم. اما امروز، فقط بلدم یک کار را به صورت تخصصی انجام دهم و کارهای دیگر را بلد نیستم. به عنوان مثال، به عنوان یک خیاط، فقط بلدم قیچی کنم و بدوزم. نمی‌توانم غذایم را تولید کنم. چه اتفاق عجیبی می‌افتد؟ به کسی که تولیدکنندهٔ غذاست، محتاج می‌شوم و او به کسی که خانه می‌سازد، محتاج است. سازندهٔ خانه نیز، به کسی که توانایی تعلیم و تربیتِ فرزندانش را دارد، محتاج است. بنابراین، هر فردی، برای

تهیهٔ مایحتاج ضروری خود، باید به تعداد زیادی از همسایگان خود مراجعه نموده و از هر کدام، بخشی از اجناس یا سرویس‌های مورد نیاز خود را تهیه نماید.

این روند، دو اتفاق مهم در پی داشت. **اول**. اینکه موج دوم تمدنی ایجاد نمود که در آن هیچ کس حتی کشاورز خودکفا نبود. صنعتی شدن، وحدت تولید و مصرف را درهم شکست و شکافی عمیق، بین تولید کننده و مصرف‌کننده پدید آورد و آن‌ها را از یکدیگر جدا ساخت. اقتصاد آمیختهٔ موج اول را به اقتصاد دوپارهٔ موج دوم تغییر داد.

بنابراین، **دوم**. اینکه واحد اقتصادی مستقل، از خانواده، تبدیل به کشور شد. در موج دوم، این کشورها بودند که تلاش می‌کردند، از نظر کشاورزی، صنعت و اقتصاد، مستقل بوده و به کشورهای دیگر وابسته نباشند.

اما جدایی تولید از مصرف و شکاف بین تولید کننده و مصرف‌کننده که باعث شده بود تا مردم برای تهیهٔ مایحتاج خود به هم‌دیگر نیازمند گردند، خود سبب دو اتفاق مهم دیگر شد. **اول**. اینکه «بازار» یعنی مکانیزمی برای داد و ستد، که قبلاً پدیده‌ای کم اهمیت و در حاشیه بود، ناگهان به همهٔ زوایای زندگی نفوذ پیدا کرد و **دوم**، اصل «تولید کالا برای مصرف شخصی»، در موج اول، از بین رفت و جای خود را به اصل «تولید برای عرضه در بازار» داد.

۴.۴.۲- بازار

بازار به معنای واقعی کلمه، یک شبکهٔ مبادلاتی یا صفحهٔ تقسیم است که از طریق آن، کالاها و خدمات، نظیر پیام‌ها به مقصدهای مورد نظر ارسال می‌شوند.

بازار محلی است برای عرضهٔ محصول، توسط تولیدکنندگان و تهیهٔ مایحتاج، توسط مصرف‌کنندگان. البته در این میان، افراد یا شرکت‌هایی نیز

هستند که خدمات ارائه می‌دهند. مثلاً خدمات حمل و نقل یا ارسال نامه، پیام و غیره که البته این گروه، جزو تولید کنندگان خدمات محسوب می‌گردند.

در موج اول، معاملات پایاپای بود، چانه‌زنی و مذاکره برای ارزش‌گذاریِ کالاها، در هر معامله‌ای لازم بود و گاهی حق و ناحق می‌شد. مثلاً می‌گفتند: یک رأس گاو به جای سه رأس گوسفند. کم نبود، مواقعی که گاو، چاق‌تر بود و گوسفندها لاغر و گاهی نیز گاو، لاغر بود و گوسفندها چاق! نه معیاری برای اندازه‌گیری دقیق مال‌التجاره‌ها وجود داشت، نه معیاری برای ارزش گذاری دقیق آن اندازه‌ها. به عنوان نمونه، روشی برای اندازه‌گیری، یعنی تعیین وزن گاو و گوسفندان وجود نداشت و بنابراین ارزش هر واحد - مثلاً کیلو - از گوشت آن‌ها، دقیقاً مشخص نبود. برای حل این مشکل، معیاری برای ارزش گذاری بر روی کالاها معرفی شد. رفته‌رفته، فلزات قیمتی مانند نقره و طلا به عنوان واحدی مشترک، برای انجام معاملات وارد بازار شدند و پول فلزی به وجود آمد.

در موج دوم، معیارهایِ اندازه‌گیری دقیق‌تر گشته، استاندارد و تثبیت شدند. بازار گسترش پیدا کرد و حجم معاملات، چنان افزایش یافت که نگهداری و حمل و انتقال پول فلزی، تبدیل به معضلی گردید! بنابراین، بانک‌های مرکزی به وجود آمدند، طلاها از بازار جمع شدند و بانک مرکزی هر کشور، به جای طلا یک رسیدِ بی‌نام به شکلِ پولِ کاغذیِ رایجِ امروزی در اختیار مردم قرار داد.

با گسترش بازار و افزایش حجم داد و ستدها، شبکهٔ پیچیدهٔ دلالان، عمده فروشان و نمایندگی‌هایِ کارخانه‌ها مانند قارچ از زمین سبز شدند؛ که البته وجود آن‌ها برای نظام توزیع الزامی بود و به این صورت، توزیع و داد و ستدِ انبوه، ممکن شد. در فصل‌های بعدی، بیشتر، پیرامون بازار که مبحث اصلی این کتاب است صحبت خواهیم نمود.

۴.۴.۳- واحد اقتصادی جدید

در موج دوم، واحد اقتصادی، از خانواده به کشور تبدیل شد. توجه کنید که مقیاس واحد اقتصادی ناگهان چقدر تغییر نمود و وسیع گردید و بنابراین همهٔ مفاهیم دیگر نیز، تحت تاثیر قرار گرفت.

ارتباطات دگرگون گردیده، زیاد و پیچیده شدند. تا دیروز تمانی ارتباطات یک کشاورز، در هماهنگ کردن نوبت آب مزرعه‌اش با کدخدا خلاصه می‌شد. اما امروز، برای تهیهٔ اجناس مورد نیازش، می‌بایست با تجّار شهرهای دیگر تماس بگیرد. تا پیش از این ارتباطات در واحدِ اقتصادیِ خانوانده، به همان چند ده نفر اعضای خانواده محدود می‌شد، اما امروز، نیازمند ارتباط با تعداد زیادی از واحدهای اقتصادی در کشور هستیم.

اتفاق دیگر این بود که خانواده‌های چند ده نفری موج اول، تبدیل به خانوادهٔ هسته‌ای موج دوم شد. خانواده‌ای کم جمعیت، شامل پدر، مادر و تعداد کم‌تری فرزند، بدون خویشاوندان دست و پا گیر که به راحتی می‌توانست برای کار در کارخانه‌ها به شهرها برود.

۴.۴.۴- زندگی بی‌روح ماشینی

ظهور و گسترش موج دوم، تبعات و تأثیرهای منفی زیادی را نیز در پی داشت. شکاف بین تولید کننده و مصرف‌کننده، از یک طرف و قطع شدن ارتباط نسل جدید با افراد مسن و دانای فامیل، به علت تقسیم و کوچک شدن واحد خانواده از طرف دیگر، انسان‌هایی تربیت کرد که بیش از هر تمدن دیگری در تاریخ، پول پرست، آزمند، حسابگر و تاجر مسلک هستند. به قول معروف، بین انسان‌ها هیچ رابطه‌ای بجز منافع شخصی، عاری از احساس و عاطفه باقی نمانده است. حرص به

پول، کالا و اشیاء، تبدیل به ارزش شده است. بنابراین تعجبی ندارد که امروزه، نه تنها محصولات، بلکه عقاید، هنر، روح و شرف افراد نیز، به راحتی خرید و فروش و معامله می‌گردد.

اصل تخصصی کردن که به معنای کار تکراری و پشت سر هم می‌باشد، از سوئی کارگر را از خصایص انسانی، تهی می‌سازد و از سوی دیگر، باعث می‌گردد تا صاحبان صنایع، به کارگران خود صرفاً به صورت یک قطعه از ماشینِ تولیدِ کارخانه نگاه کنند.

اصل بیشینه‌سازی نیز، باعث شد تا کشورهای موج دوم، کورکورانه وارد مسابقه‌ای برای افزایش حداکثری «رشد» شوند. تا حدی که محیط زیست به ویرانی کشیده شد و فجایع اجتماعی اتفاق افتادند.

مردِ صنعتی، از کودکی، آموخت که بقاء، به پول بستگی دارد. در مدرسه برای کار به سبک ماشینی و تکراری آموزش دید. بیشترِ زندگیِ خود را در محیطی به سبک کارخانه گذراند، که فردیت در آن خُرد و ناچیز بود. از رسانه‌های همگانی، تصویرِ ذهنیِ خود را از جهان ، دریافت نمود. برای رسیدن به اهدافش، طبیعت را به خدمت گرفت و به نابودی کشاند.

در مواجهه با چنین تحولات گسترده‌ای، انسان با سردرگمی، توانایی تشخیص و ارزیابی را از دست داده است. ارزش‌های انسانی تنزل پیدا کرده و معیارها به بیراهه رفته‌اند. به راستی با چه معیاری می‌توان کل یک تمدن را مورد قضاوت قرار داد؟ آیا معیار، ارتقاء سطح مادی زندگی مردم آن تمدن است؟ یا تأثیر آن بر مردمی که در محدودهٔ خارج از آن زندگی می‌کنند؟ یا تأثیراتی که بر طبیعت به جای گذاشته است؟ یا با دستاوردهای هنری‌اش؟ یا افزایش طول عمر افرادش؟ یا دستاوردهای علمی‌اش؟ یا میزان آزادی افرادش؟

امروزه، بحران شخصیت و نارضایتی، یکی از معضلات همه‌گیر شده است. تنها در آمریکا و در اوج دوران موج دوم، چهل درصد از مدیرانِ متوسط از شغل خود راضی نبودند. امروزه میلیون‌ها انسان را می‌بینیم که ناامیدانه در جستجوی یافتن شبح خود، حریصانه به دوره‌ها، فیلم‌ها و کتاب‌های خودیاری و خودشناسی – هر چقدر هم که نامفهوم باشند – و یا حتی به رمان‌ها پناه برده‌اند، تا شاید به وسیلهٔ آن‌ها هویت گم شدهٔشان را پیدا نمایند. برخی نیز با پناه بردن به تجملات، مارک و بِرَند، در صدد پر کردن این خلاء هستند. یا برخی دیگر، با کاویدن درون خویش برای یافتن منبع دردها و ناراحتی‌ها، خود را گرفتار رنج و احساس گناه بیهوده می‌کنند.

این روندِ غیرانسانی شدن موج دوم، تا آن‌جا پیش رفت که صاحبان آن آشکارا به مبارزه با ادیان، یعنی یگانه مرجعی که به فردیتِ فرد و پرورش آن اهمیت می‌دهد، پرداختند.

جای تعجب ندارد که برخی از فیلسوفان و نظریه پردازانِ معاصر، برای بشریت، آینده‌ای جز تباهی و نیستی قائل نمی‌باشند؛ غافل از این‌که آینده، موجودی زنده و سیال بوده و مدام در حال تغییر می‌باشد.

۴.۵ خلاصهٔ مطالب فصل

۱- موج دوم، حدود سی‌صد سال طول کشید.

۲- اصول موج دوم برای ایجاد یک جامعهٔ صنعتی:

۲.۱. «استاندارد»، یعنی برای انجام کاری، از میان راه‌های گوناگون، فقط یک روش بهتر – کم هزینه‌تر – و یک ابزار بهتر و یک زمان تعیین شده، برای به اتمام رساندن آن وجود دارد.

۲.۲. تخصصی کردن به این معنی است که هر کسی در انجام یک یا چند کار مهارت پیدا کند. تخصصی کردن کارها، باعث افزایش کارایی کارگران و کاهشِ میزانِ اتلاف وقت و اتلافِ نیروی آن‌ها می‌گردد.

۲.۳. هم‌زمان‌سازی، به معنی هماهنگ کردن کلیهٔ فعالیت‌های تولیدی و اجتماعی است.

۲.۴. تراکم، به معنی یک جا جمع نمودن همهٔ منابع مورد نیاز برای انجام هر کار یا عملی، چه تولید و چه خدمات، می‌باشد.

۲.۵. بیشینه‌سازی، یعنی بالابردن میزان تولید در همهٔ مقیاس‌ها که باعث کاهش هزینهٔ تمام شده می‌گردد.

۲.۶. تمرکز، به معنی گرفتن قدرتِ تصمیم‌گیری از خانواده و تفویض آن به سیستم‌های متمرکز مدیریتی، مانند دولت‌ها یا مدیران کارخانه‌ها و واحدهای اقتصادی می‌باشد.

۳- تبعات صنعتی شدن:

۳.۱. بالا رفتن سطح زندگی شهروندان جوامع صنعتی. افزایش متوسط طول عمر، داشتن دسترسی به بهداشت.

۳.۲. از بین رفتن خودکفایی و وابسته شدن افراد به یکدیگر.

۳.۳. تشکیل خانوادهٔ هسته‌ای و از بین رفتن اقتدار خانواده.

۳.۴. ایجاد شکاف در شخصیت افراد، به عنوان تولید کننده و مصرف‌کننده.

۳.۵. اهمیت بازار، به عنوان مکانیزمی، جهت تهیهٔ مایحتاج مورد نیاز زندگی.

۳.۶. تبدیل هدف تولید، از «تولید برای مصرف شخصی» به «تولید جهت عرضه به بازار».

۳.۷. اختراع واحدهای دقیق اندازه‌گیری، برای انجام معاملات.

۳.۸. از بین رفتن خصائص انسانی و تاراج محیط زیست.

۳.۹. نگاه ابزاری و سودجویانه، به هم‌نوع.

۳.۱۰. از بین رفتن ارزش‌ها و اخلاقیات و مبارزه با آن‌ها. شروع نارضایتی‌ها

و بحران‌های شخصیتی.

۵- موج سوم، موج کامپیوتر و الکترونیک

از اینجا به بعد، قدم به قدم پس از طرح شدن هر موضوع، شباهت یا تطابق آن با بازاریابی شبکه‌ای بررسی، خواهد شد.

در انتهای این فصل، خوانندهٔ محترم در خواهد یافت که پیدایش، گسترشِ سریع و سودآوری بالای صنعت بازاریابی شبکه‌ای، به دلیل انطباق آن با اصول موج جدید تمدن می‌باشد.

موج دوم، ارابهٔ حاکمیت خود را با قدرت تا اواسط قرن بیستم پیش راند. سپس شاخص‌های تغییر و جهش، یکی پس از دیگری، دوباره آشکار شدند.

به عنوان نمونه، برای اولین بار در آمریکا در دههٔ قبل از ۱۹۵۵، تعداد یقه سفیدها از تعداد یقه آبی‌ها بیشتر شدند؛ یعنی تعداد کارمندان و متخصصان و در کل، کسانی که در قسمت خدمات فعالیت داشتند، از تعداد کارگران و تولید کنندگان بیشتر شدند. شاخص دیگر اینکه بین سال‌های ۱۹۵۵ و ۱۹۶۵ کامپیوترها، وارد حوزهٔ صنعت و تجارت شده، کنترل و انجام بعضی امور را به عهده گرفته و پس از مدتی، راه خود را به خانه‌ها گشودند. همان‌گونه که در اواخر قرن هفدهم، موتور بخار – یعنی سمبل موج دوم تمدن – اختراع شد و سپس در قرن هجدهم وارد دنیای صنعت گردید.

> در هر شرکتی، اگر تعداد افراد فعال در بخش فروش و خدمات، کم‌تر از مجموع کارمندان بخش‌های دیگر باشد، آن شرکت موج دومی است.
>
> در بازاریابی شبکه‌ای، تعداد بازاریابان هر شرکتی، چندین برابر تعداد کارمندان آن شرکت می‌باشد.

در حقیقت، سرمایه و ارزش افزودهٔ حاصل از تعاریف، خدمات و تکنولوژی موج دوم، به حدی رسید که بشریت بتواند دوباره جهش کند؛ به این معنی که عدهٔ بیشتری از انسان‌های محروم، به مایحتاج اولیهٔ زندگی دسترسی پیدا نموده و بقیه، بتوانند سطح زندگی خود را یک بار دیگر بالا ببرند.

به زبان ساده، اگر تمدن را به جعبه دندهٔ[۳۰] یک ماشین تشبیه نموده و هر موج از تمدن را یکی از دنده‌های آن بدانیم، این ماشین در انتهای موج دوم، به حداکثر سرعت خود با دندهٔ دو رسیده و برای افزایش سرعت، نیاز به تعویض دنده و حرکت با دندهٔ سوم را داشت.

۵.۱- برخی دلایل ظهور موج سوم

در اواسط قرن بیستم، رفته‌رفته زنگ‌های خطر برای موج دوم به صدا درآمدند. در این قسمت، برخی از مهم‌ترین علل این تحول را بررسی می‌نماییم:

۵.۱.۱- انرژی محدود و گران

در زمینهٔ منابعِ انرژیِ موج دوم، محدود بودن سوخت‌های فسیلی از یک طرف و صنعتی شدن مابقیِ کشورهای موج اولی – که غول‌های صنعتی، زمانی، مواد اولیهٔ

---

۳۰ Gearbox

مورد نیاز خود را به قیمت بسیار ناچیز از آن‌ها تأمین می‌نمودند - از طرف دیگر، باعث شد تا تمدنِ صنعتی، دیگر قادر نباشد، به‌طور نامحدود به انرژیِ فسیلیِ جبران ناپذیر - که پشتوانهٔ اصلی توسعهٔ صنعتی بوده - متکی باشد. درک این خطر در سال‌های اخیر، باعث افزایش قیمت انرژی گردید و بنابراین تمدن صنعتی را بر آن داشت تا با توجه به محرومیت از انرژی ارزان - حداقل برای چند دهه - به دنبال منابع جدید انرژی باشد.

۵.۱.۲- طبیعت زخم خورده

استفادهٔ روز افزون از سوخت‌های فسیلیِ بسیار آلاینده، نابود کردن مرتع‌ها و جنگل‌ها، برای ساختن و گسترش شهرها، شکار حیوانات کمیاب، برای استفاده‌های تزئینی و مقاصد تجاری و مواردی از این قبیل، در طول سی‌صد سال، باعث گشته تا آسیب‌های جبران ناپذیری به بدنهٔ طبیعت و محیط زیست وارد شود. آسیب دیدن جوّ زمین و مسموم شدن اقیانوس‌ها، اخطاری جدی به نسل بشر بوده و به وضوح بیان می‌کند که در صورت عدم ایجاد تغییراتی جدی، وسیع و سریع در این روند، همه کس و همه چیز بر روی کرهٔ خاکی نابود خواهد شد.

۵.۱.۳- دگرگونی قلمرو اطلاعات

یکی از مهم‌ترین عوامل فراهم شدن زمینه برای پیدایش موج سوم، دگرگونی در قلمرو ارتباطات بود. در عصر صنعت، رادیو، تلویزیون و روزنامه‌ها، خبرهای مشخص و مشابهی را به جامعه انتقال می‌دادند. بنابراین، همهٔ مردم، تصاویر ذهنی و تعاریف کم و بیش مشابهی نسبت به کار، تفریح، سیاست و جهان پیرامون خود پیدا کردند. در اواخر آن عصر - بین سال‌های ۱۹۵۰ تا ۱۹۷۰ - مجله‌ها،

روزنامه‌ها و شبکه‌های خبریِ محلی و تخصصی تأسیس شده، به سرعت گسترش یافته و پخش اخبار و اطلاعات سفارشی شده و گوناگون را آغاز کردند. این پدیده، به این معنی بود که مردم حق انتخاب پیدا کردند که به کدام شبکه گوش داده و چه اطلاعاتی دریافت نمایند. این مسئله، تبعات وسیع و عظیمی را در پی داشت؛ زیرا رفته‌رفته تصاویر ذهنی و درکِ افرادِ مختلف از جامعه و شیوهٔ زندگی را متنوع و ناپایدار نمود.

۵.۱.۳.۱- پیدایش سلیقه‌های مختلف

دگرگونی قلمرو اطلاعات و حقِ انتخاب پیدا کردن مردم، باعث پیدایش تفاوت‌ها و تنوع شخصیت‌ها گردید. امروزه نمودِ این تنوع شخصیت‌ها را می‌توان در تنوع مدل و رنگ لباس‌ها، وسایل نقلیه، مواد خوراکی و غیره مشاهده نمود. در عصر صنعت، فقط دو قطب صنعتی و کشاورزی با یکدیگر درگیر بودند و در عرصهٔ سیاست، در کل دو حزب چپ تندرو و راست محافظه‌کار وجود داشت.

امروزه، هم رأیی عمومی در هم شکسته شده و در همهٔ زمینه‌ها گروه‌ها و احزاب مختلف شکل گرفته‌اند، همان‌طور که سبک‌های مختلف موسیقی و شیوه‌های متفاوت زندگی پدید آمده‌اند.

۵.۱.۳.۲- انفجار جریان اطلاعات[۳۱]

با بیشتر شدنِ تنوعِ تمدن، برای حفظِ انسجامِ جامعه، باید اطلاعات بیشتری بین افراد و بخش‌های آن جریان یابد. هر فرد، برای برنامه‌ریزیِ درستِ روابطش با

۳۱ برای اطلاعات بیشتر مراجعه شود به (۱۴ ص. Information_overload/) و (۱۴ ص. Information_explosion/)

دیگران، باید بتواند چگونگی رفتار و واکنش‌های دیگران را پیش‌بینی نماید. به زبان ساده‌تر، هر چه یک شکل‌تر باشیم، برای شناخت یکدیگر به اطلاعات کم‌تری احتیاج داریم. اما، فردیتِ بیشتر و ناهمگن‌تر بودن جامعه، ما را برای زندگی با دیگران، به کسب و تبادلِ اطلاعاتِ بیشتر، نیازمند می‌سازد.

در سطح کلان‌تر، همین موضوع بین شرکت‌ها نیز صادق است و آن‌ها نیز، به عنوانِ افرادِ حقوقی از همین قانون تبعیت نموده و روزانه با تولید و انتقال حجمِ عظیمی از اطلاعاتِ جدید، باعث دامن زدن به جریانِ افزایشِ تنوع و گوناگونی افراد و شرکت‌ها می‌گردند.

بنابراین، تبعات و تأثیرات منفی موج دوم که به برخی از آن‌ها اشاره گردید، به همراه دگرگونی قلمروهای مختلف، لزوم شروع تغییر و جهش دیگری را یادآوری می‌نمود.

۵.۲- سنت مخالفت با تغییر

مطابق سنت گذشته، انسان‌های بی‌بصیرتی که منافع آن‌ها در گرو بقاء موج قبلی – یعنی عصر صنعت – می‌باشد، با مقاومت در برابر این تغییرات، می‌کوشند، این تمدنِ نوین را سرکوب نمایند. جدال آن‌ها در حقیقت بر سر صندلی‌های کشتیِ غول پیکری است که در حال غرق شدن می‌باشد.

و اما، موضوع این مخالفت‌ها چیست؟ امروزه بسیاری از تعارضات خشونت‌بار در حوزهٔ مدارس، کسب و کار، «بازاریابی»، تجارت و روابط دولت‌ها، همه در اطراف آن شش اصل تمدن صنعتی جریان دارد که مردمان موج دوم، آن‌ها را به طور غریزی به‌کار بسته و از آن‌ها دفاع می‌نمایند و در مقابل، مردمان

موج سوم، با آن‌ها به مبارزه برخاسته و آن‌ها را مورد حمله قرار می‌دهند.

۵.۳- اصول موج الکترونیک و کامپیوتر

به زبان ساده، آن شش اصل و قانون موج دوم که زمانی باعث کاهش هزینه‌های تولید، فراوانی محصولات مصرفی و در کل، افزایش کیفیت سطح زندگی شده بود، هم‌اکنون، موجبِ عدمِ کاهشِ بیشترِ قیمت تمام شدهٔ محصولات، مانعی برای پیشرفت بیشتر و بنابراین؛ بالاتر رفتن سطح زندگی بشریت شده است.

در ادامه به بررسی تعاریف جدید موج سوم که در تعارض با اصول موج صنعتی هستند می‌پردازیم:

۵.۳.۱- فراتر از استاندارد و بیشینه‌زدایی

امروزه، همه می‌دانند که جنس خاص و سفارشی، همیشه گران‌تر بوده و خواهان بیشتری دارد. در حقیقت، یکی از اصول اصلی بازاریابیِ نوین، جهتِ تصاحب بازار، ارائهٔ محصول به شیوه‌ایست که آن محصول، جدید و متفاوت به نظر آید. این تفاوت ممکن است در جنس و کیفیت، نحوهٔ بسته‌بندی، روش پرداخت هزینه، نحوهٔ تبلیغ و یا موارد دیگری باشد. بنابراین، هر شرکتی، محصولات خود را به شیوه‌ای جدید و متفاوت به بازار عرضه می‌نماید. معنای این اصل، عدم همسان‌سازی، فراتر رفتن از استانداردسازی و در حقیقت بیشینه‌زدایی می‌باشد.

تنوع طرح‌های سودرسانی شرکت‌های نتورک به همین دلیل می‌باشد.

از طرف دیگر از همان آغاز موج سوم، افزایش تنوع سلیقهٔ مصرف کنندگان، باعث بیشتر شدن تقاضا برای اجناس متنوع، گوناگون و متفاوت

گردید. همین تقاضا، همهٔ استانداردهای مرتبط با تولید را از بین برد، باعث تربیت کارمندانی شد که توانایی‌ها و تخصص‌های مختلفی دارند و بر این مبناء حقوق و مزایای متفاوتی دریافت می‌کنند.

در تجارت بازاریابی شبکه‌ای، هیچ شرکتی دستورالعمل خاص و استانداردی را دیکته نمی‌کند؛ بلکه فقط چهارچوبها را مشخص می‌نماید. بازاریابان در این کار، بسته به استعداد و تلاش خود، حرفه‌ای و متخصص شده و به اندازهٔ زحمتی که می‌کشند، درآمد خواهند داشت.

نکتهٔ دیگر این‌که کالاهای سفارشی و گوناگون، هر کدام، قیمت‌های متفاوتی دارند، به عنوان نمونه قیمت یک مدل[۳۲] خاص ماشین، بسته به امکاناتی که خریدار انتخاب می‌کند، متغیر است. این امکانات، شامل حجم موتور، اندازهٔ اتاق، تنوع رنگ، مدل تو دوزی، سیستم امنیتی اضافه، نوع لاستیک چرخ‌ها و غیره می‌باشد. بنابراین، قیمت‌ها که در موج دوم استاندارد شده بودند، به تدریج متفاوت و استانداردزدایی شدند.

در کل به هر طرف که نظر کنیم، این استاندارد ستیزی و بیشینه‌زدایی مشهود می‌باشد. مثالی دیگر، در مقابل موج دوم که تنها رادیو، تلویزیون و روزنامه، ابزار استاندارد اطلاع‌رسانی بودند، امروزه، صدها روش و وسیلهٔ ارتباطی جدید و مختلف برای اطلاع‌رسانی و ارتباط به وجود آمده‌اند، از ایمیل، اسکایپ، تکنولوژی صدا روی پروتکل اینترنت، فیس‌بوک و تویتر گرفته تا آی‌مسیج، واتس آپ، وایبر، وی‌چت[۳۳] و غیره. این ابزار ج نظام ارتباطات را به کلی متنوع و

۳۲ Make
۳۳ eMail, Skype, VoIP, Facebook, Twitter, iMessage, Watsapp, Viber & WeChat

دگرگون ساخته‌اند.

> شرکت‌هایی که روش‌ها و کانال‌های ارتباطی آنها، مشخص و محدود به چند روشِ خاصِ قابلِ کنترل، مانند تلفن و ایمیل است، موج دومی هستند.

اما، موضوع مهم این‌جاست که چگونه این استانداردزدایی امکان‌پذیر شد. تکنولوژی موج دوم، به حدی پیشرفت کرد که توانست بر ایدهٔ «تولید بیشتر باعث کاهش هزینه‌های تمام شدهٔ کالا می‌باشد»، غلبه کند. زیرا تکنولوژیِ تولید به جایی رسید که هر کالا، فارغ از تعداد آن، با حداقل قیمت، تولید می‌گردد. به زبان دیگر، استانداردسازی، زمانی مهم بود که «از چه روشی»[۳۴] اهمیت داشت، زیرا روش‌های متفاوت، دارای هزینه‌های مختلف بود. اما اکنون، می‌توان بدون نیاز به همسان‌سازی و بیشینه‌سازی، کالاهای ارزان تولید نمود. ماشین‌های چاپِ دیجیتال، یکی از مثال‌های بارزِ این موضوع هستند. هم‌اکنون، تولید بیشتر نه تنها باعث کاهش قیمت نمی‌شود؛ بلکه ممکن است با ایجاد هزینه‌های سربار، مانند انبارداری و خواب سرمایه، باعث افزایش قیمت تمام شدهٔ کالا گردد!

> ابزار کار بازاریابان شبکه‌ای، کاملا سفارشی است و هر کسی، مطابق میل و سلیقهٔ خود، ابزار کارش را انتخاب و سفارشی می‌کند.

در نمونه‌ای دیگر، می‌توان کامپیوترها را مثال زد که پرمصرف‌ترین و رایج‌ترین ابزار روز دنیا هستند. امروزه، هر شخص یا شرکتی می‌تواند مطابق نیاز و خواسته‌اش، کامپیوترهای خود را سفارشی نماید. از تعداد پردازندهٔ هر دستگاه گرفته تا مدل، و حجم حافظه‌های موقت و دائمی و از همه مهم‌تر نرم‌افزارهای

۳۴ مراجعه شود به بخش ۴.۱.۱- استاندارد (همسان‌سازی)، صفحهٔ ۴۴

مورد استفاده، همه قابل تغییر و سفارشی شدن می‌باشند. همین سفارشی کردن نرم‌افزارها، خود باعث ایجاد بازاری چند بیلیون دلاری در سال شده است.

۵.۳.۲- همزمان‌زدایی و تراکم‌زدایی

خط تولید، بهترین راه حل برای تولید انبوه موج دوم بود. همهٔ کارگران و کارمندان، برای تولید و توزیع محصولات، باید به ترتیب، پشت سر هم قرار گرفته و بی‌وقفه کار می‌کردند. تأخیر یک کارمند یا کارگر، بلافاصله می‌توانست کار بسیاری از افراد دیگر را در قسمت‌های بعدی نظام توزیع یا خط تولید، مختل نماید. همین قانون در همهٔ بخش‌های دیگر شرکت‌ها از جمله بخش فروش نیز حاکم بود و همیشه، مقدار زیادی از وقت و انرژی فروشندگان، در سلسله مراتب‌ها به هدر می‌رفت. امروزه به کمک تکنولوژی، می‌توان بسیاری از امور را در خارج از محیط کارخانه یا اداره انجام داد و مهم‌تر اینکه لزومی به کار همزمان، میان افراد تیم تولید یا بخش اداری نیست. بانک‌داری الکترونیک و فروش آنلاین، دو نمونهٔ بارز برای سیستم توزیع همزمان‌زدایی شده هستند.

> در بازاریابی شبکه‌ای، توالی و سلسله مراتب در تیم فروش وجود ندارد و فعالیت هیچ‌کس، در گرو نفر قبلی‌اش نیست.

در قسمت تولید، ماشین‌های نیمه‌هوشمند و هوشمند جای کارگران و ماشین‌آلات تک کاره را گرفته و بنابراین کارگران جای خود را به متخصصانی داده‌اند که وظیفهٔ آن‌ها، به جای درگیری مستقیم در روال تولید، کنترل و نظارت بر این ماشین‌ها است. امروزه میلیون‌ها مهندس و متخصص می‌توانند از طریق کامپیوترهای شخصیِ خود، بدون نیاز به حضور در محل کار، حداقل، بخشی از

وظیفهٔ خود را انجام دهند. به همین منوال، کارمندان نیز می‌توانند با بررسیِ
نامه‌ها و درخواست‌های رسیده، پاسخ‌های لازم را ارسال نموده یا گزارش کار
خود را برای رئیس‌شان بفرستند، بدون این‌که لازم باشد، همهٔ وقت خود را در
کنار یکدیگر – به صورت متراکم – در اداره یا محل کارشان بگذرانند.

> شرکت یا تیمی که اعضای آن، همیشه برای کار، تبادل اطلاعات یا
> تصمیم‌گیری، مجبور به حضور در محلِ شرکت یا مکانی خاص باشند، دارای
> ساختاری موج دومی است.

۵.۳.۲.۱- زمان شناور

برای اولین بار، جنبشِ «زمان شناور» یعنی این ایده که افراد می‌توانند ساعات
کاری خود را خود انتخاب نمایند، در دههٔ ۱۹۷۰ مطرح شد و مورد آزمایش قرار
گرفت. در این طرح، افرادی که همیشه به خاطر ترافیک یا مسائل شخصی مانند
بردن فرزندانشان به مدرسه، با تأخیر به محل کار رسیده و سمبل بی‌نظمی بودند،
تبدیل به کارمندانی منظم و نمونه گشتند. در کل، بررسی‌ها نشان می‌دهد که با
متداول شدنِ ساعتِ کارِ شناور، کارایی کارمندان بیشتر و غیبت آن‌ها کم‌تر شده
و در نتیجه راندمان کلی شرکت‌ها افزایش یافته است.

> یکی از بزرگ‌ترین مزایای بازاریابی شبکه‌ای، زمان شناور آن می‌باشد. در
> حقیقت، یکی از مهم‌ترین دلایل محبوبیت و رشد این تجارت بین خانم‌های
> خانه‌دار، همین فاکتور می‌باشد نه آسان بودن آن.

از طرف دیگر، در حال حاضر، تجارت بین المللی و انجام معامله با

تاجرها و تولیدکننده‌های شرکت‌های خارجی، تبدیل به امری عادی شده است. بنابراین، همه روزه، تاجران و بازرگانان، در حال مذاکره و تجارت با گستره‌ای از شرق دور تا آمریکای لاتین هستند و زمان و برنامهٔ کاری خود را مطابق با آن‌ها تنظیم می‌کنند و نه مطابق با ساعات کار رسمی شهر خودشان. به زبان ساده‌تر، این هم‌زمان‌زدایی و زمان شناور، تنها راه حل برای تجارت خارجی می‌باشد.

یکی دیگر از زمینه‌های اِعمال تراکم‌زدایی، در اختصاص و پرداخت سود حاصل از واحدهای تولیدی و تجاری است. شرکتِ سهامیِ عام، راه حل ناقصی برای جلوگیری از تجمع سود در دست عده‌ای خاص و پرداخت سود، بین سهامداران شرکت‌ها بود.

> پلان‌های سودرسانی شرکت‌های نتورک، بهترین روش جهت تراکم‌زدایی در امر توزیع سود می‌باشند.

امروزه، به هر طرف که نظر افکنیم، نیاز به زمان شناور و تراکم‌زدایی بیشتر، احساس می‌شود. اگر کارخانه‌جات و واحدهای اداری با تراکم‌زدایی، تبدیل به مجموعه‌ای از واحدهای کوچک‌تر و پراکنده گردند، به طبع آن شهرها، تراکم‌زدایی خواهند شد و بسیاری از مشکلات کنونی، مانند ازدحام، ترافیک و آلودگی هوا حل شده و از همه مهم‌تر سوخت و انرژیِ متراکمِ موج دوم نیز، تراکم زدایی خواهد گردید. زیرا به جای انتقال مقادیرِ بسیار متراکمِ انرژی به تعداد کمی از آسمان‌خراش‌های اداری و مسکونی که نیازمند مولدهای غول پیکر انرژیِ متمرکز می‌باشد، می‌توان مولدهای کوچک انرژی، نظیر مولدهای بادی و خورشیدی را همه جا نصب کرد و آن‌ها را، جایگزین بخشی از انرژی تولید شده به روش متراکم نمود. با این روش می‌توان، نیاز به سوخت‌های آلوده کننده را

منتفی ساخت.

۵.۳.۳- تمرکززدایی

دولت الکترونیک و پلیس+۱۰، یکی از بهترین مثال‌های عَملی برای تمرکززداییِ مدیریتِ موجِ سومی است. امروزه، فقط در تهران، بیشتر از صد و ده دفتر خصوصی،[۳۵] بخش زیادی از خدمات دولتی را عرضه می‌کنند. این دفاتر، در انجام بعضی امور، مختار و در رعایت بعضی اصول، موظف بوده و مدیر هر دفتر، مسئول حفظ تمامیت آن دفتر می‌باشد.

انتقال و سپردن کارها و امور از سازمان مرکزی به این دفاتر، مدیریت و نظارت بر آن‌ها، ایجاد نظم و هماهنگی، اطلاع‌رسانی، آموزش و به روزرسانی، انتقال مدارک و مستندات، تدابیر امنیتی جهت جلوگیری از انواع تقلب یا سوء استفاده و چندین فاکتور دیگر، همه و همه، نیازمند یک نظامِ نوینِ مدیریتیِ غیرمتمرکز می‌باشد.

به زبان ساده‌تر، مدیریتِ متمرکزِ موج دومی، نه تنها خُرد گشته و بین مدیران تقسیم شده؛ بلکه تصمیم‌گیرندگان، از نظر مکانی نیز؛ در یک سازمان یا اداره، متمرکز نبوده، در سطح شهر و یا کشور، پراکنده شده و از راه دور با مدیران دیگر در ارتباط و تعامل می‌باشند. این مسئله، یعنی جابه‌جایی در قدرت!

> در بازاریابی شبکه‌ای، به دلیل پخش بودن تیم فروش و گستردگی آن در سطح شهر و کشور، مدیریت متمرکز، جای خود را به راهبری داده است و هر تیم می‌تواند با ادارهٔ خود رشد نماید.

۳۵ منبع dafater.epolice.ir

به عنوان یک نمونهٔ کلان، شکست آمریکا در جنگ ویتنام، به خاطر مدیریتِ متمرکزِ جنگ توسط کاخ سفید بود، زیرا بخش زیادی از اطلاعات جزئی و به ظاهر غیر مهم به فرماندهان ارشد که تصمیم‌گیرنده بودند، منتقل نمی‌شد. بنابراین، آن‌ها بر اساس اطلاعات ناقص، تصمیم‌گیری می‌نمودند.[۳۶]

شرکت‌ها یا تیمهایی که به صورت متمرکز از دفتر مرکزی، مدیریت می‌شوند، موج دومی هستند.

این اصول جدید موج سومی که در بالا به آن‌ها اشاره شد، دست به دست یکدیگر داده‌اند تا یک بار دیگر، همه چیز را از زندگی شخصی تا روابط قدرت و مفهوم آن، متحول نمایند.

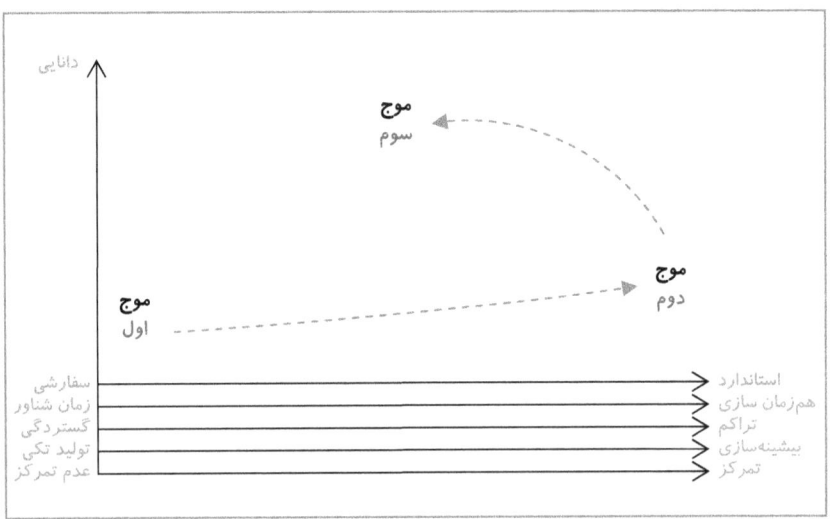

شکل ۳: نمودار حرکت به سمت موج سوم

---

۳۶ منبع (۴ ص. ۱۰۴، سازماندهی)

۵.۴- تبعات اصول جدید موج سومی

در ادامه، به صورت خلاصه، برخی از پدیده‌های مهمی را طرح و بررسی می‌نماییم که ظرف چند سال اخیر اتفاق افتاده‌اند و با شتاب و سرعتی بی‌سابقه در حال گسترش می‌باشند. از این پس، خوانندهٔ محترم، با دقت در هر کدام از این موارد، می‌تواند تأثیر تغییرشکل و جابه‌جایی قدرت در آن مورد را ملاحظه نماید.[۳۷]

۵.۴.۱- افزایشِ شتابِ تغییرات

امروزه، از تاریخ‌دانان و باستان‌شناسان گرفته تا دانشمندان، جامعه‌شناسان، اقتصاددانان و روان‌شناسان، همگی بر این باورند که اغلب فرایندهای اجتماعی با شتابی زیاد و حیرت‌انگیز در حال حرکت و تغییر هستند.

آمار، نشان می‌دهد، نود درصد از دانشمندانی که تا کنون وجود داشته‌اند، در دوران معاصر زندگی می‌کنند. تعداد اختراعات ثبت شدهٔ قرن گذشته، بیشتر از تمامی اختراعات ثبت شده، در طول کل دوران تاریخ حیات انسان است. طی دو قرن گذشته، در هر یازده سال، تعداد جمعیت شهرنشین بر روی کرهٔ خاکی، دو برابر شده است. همچنین، در قرن بیستم در هر پانزده سال، کل تولید و خدمات، در کشورهای پیشرفته، دو برابر گشته است. همچنین، فاصلهٔ بین فکر و عمل، به سرعت در حال کاهش است.

در ابتدای قرن گذشته، زمان لازم برای تبدیل یک کشف عِلمی به یک شکل مفید، در قالب لوازم خانگی و مصرفی، به صورت متوسط، حدود سی و چهار سال بود. این زمان در اواسط آن قرن به هشت سال تقلیل پیدا کرد و هم‌اکنون، این زمان برای بعضی از محصولات به چند ماه رسیده است. به زبان ساده‌تر،

---

۳۷ مراجعه شود به بخش ۲.۳- جابه‌جایی و تغییر شکل قدرت، صفحهٔ ۳۷

امروزه، زمانِ اعتبار، رواج و استفادهٔ محصولات و در یک کلام، عمر کالاها از چند ده سال به یکی دو سال و حتی به چند ماه رسیده است.

از سوی دیگر، تعداد ترانزیستورهای مدارهای میکروالکترونیک، هر دو سال، دو برابر می‌شوند که در مقاطعی از زمان، این اتفاق، در هجده ماه نیز ممکن شده است.[۳۸] با در نظر گرفتن هزینه‌های هنگفت تحقیقاتی و موانع فیزیکی، برای تحقق این قانون، می‌توان به نتایج جالبی رسید. **اول** این‌که، بازار، تشنهٔ این تغییر است و **دوم** این‌که، دو برابر شدن تعداد ترانزیستورها، به معنی دو برابر شدن قدرت پردازش رایانه‌ها و کاهش زمان پاسخ‌گویی آن‌ها، یعنی افزایش سرعت کلیهٔ اموری است که رایانه در آن‌ها نقش دارد.

۵.۴.۱.۱- تأثیر افزایش شتاب تغییرات

البته در این‌جا، تغییراتی که ریشه در موج دوم داشته و در بالا به آن‌ها اشاره گردید، مَد نظر ما نیستند، بلکه شتابِ – گاه غیر خطی و صعودیِ – این تغییرات است که باعث می‌گردد، تا وقایع و حوادث، از آستانهٔ درک، تحلیل و تحمل همه، فراتر رفته و مشکل‌ساز گردند. زیرا هر سیستمی، به همراه پاره سیستم‌هایش – از سیستم گردش خون گرفته تا سیستم تولید ثروت – می‌تواند در محدودهٔ مشخصی از سرعت کار کند. اگر خیلی کُند باشد، در هم ریخته و اگر خیلی سریع باشد، از هم خواهد پاشید.

به عنوان مثال، ماشینی را تصور کنید که با سرعت یک کیلومتر در

۳۸ گوردون مور "Gordon Moore"، از بنیان گذاران شرکت اینتل و رئیس بازنشستهٔ آن، حدود چهل سال قبل، این معیار را برای اندازه‌گیری پیچیدگی مدارهای میکروالکترونیک ارائه داد که بعدها به "قانون مور" شهرت یافت. البته، به دلیل محدودیت‌های فیزیکی، این رابطه همیشه صادق نخواهد بود. اما پیش‌بینی شده که دست کم تا سال ۲۰۲۰، این قانون پابرجا باشد. منابع: (۱۴ ص. Gordone_Moore/) و (۱۴ ص. Moore's_law/)

ساعت شروع به حرکت می‌کند و هر سال سرعت آن دو برابر می‌گردد. در طی شش سال اول، سرعتش به ۳۲ Km/h، می‌رسد. هنوز همه چیز عادی و تحت کنترل است. سال بعد سرعت آن به ۶۴ Km/h، می‌رسد. اکنون از آستانهٔ امنیت گذشته و نیاز به سیستم‌های امنیتی، مانند کمربند ایمنی، احساس می‌گردد. دو سال بعد، سرعت آن به ۲۵۶ Km/h، می‌رسد. در این سرعت، دیگر ترمزها، سیستم هدایت و حتی کمربندهای ایمنی کارایی نداشته و باید اصلاح و کارآمدتر شوند. سال بعد از آن، سرعت ماشین به ۵۱۲ Km/h، خواهد رسید. در این حالت، همه چیز، حتی جاده‌ها نیز نیاز به اصلاح و تغییر دارند.

بنابراین، پرشتاب شدن تغییرات، علاوه بر به ارمغان آوردن ناپایداری و موقتی بودن، باعث ایجاد نیاز به ابزارهای جدید در همهٔ زمینه‌ها می‌گردد.

اگر انسان، چه در کارهای شخصی خود، چه در کار و حرفهٔ خود و چه در سطح جامعه، نتواند آهنگ تغییر را کنترل نماید، در انطباق دادن خود با شرایط، با دشواری و شکست مواجه خواهد شد. به زبان دیگر، امروزه افراد، خانواده‌ها، سازمان‌ها و حتی ملت‌ها، در معرض هجوم تغییراتی بیش از اندازه سریع قرار می‌گیرند که باعث آشفتگی و از دست رفتن ظرفیت آن‌ها برای اتخاذ تصمیم‌هایی به موقع، هوشمندانه و انطباق‌پذیر می‌شود.

بسیاری از بحران‌های کنونی در حقیقت تغییراتی بودند که یا به موقع شناسایی نشده و در قبال‌شان، واکنش‌های مناسب اتخاد نشده است، یا صرفاً، حوادثی معمولی بودند که آهنگ تغییر آن‌ها سریع‌تر شده بود.

به عنوان نمونه در شرایط رقابت‌جویانهٔ کنونی، میزان نوآوری محصولات، آن‌قدر بالاست که هنوز محصولی به بازار نرسیده، نسل بعدی بهتری از آن، توسط رقبا پدیدار می‌گردد. بنابراین، رقابت زیادی بین شرکت‌ها برای

پیدا کردن مشتری‌های جدید و حفظ مشتری‌های قبلی جریان دارد.

> بازاریابی شبکه‌ای، تنها شیوه‌ایست که شرکت‌ها به کمک آن می‌توانند، بدون پراخت هزینه‌های سرسام‌آور تبلیغات و غیره، مشتری‌ها و بازاریاب‌های‌شان را به خود وفادار نگه دارند.

البته، افرادی نیز هستند که می‌کوشند «تغییر» را ندیده بگیرند. گویی اگر سر خود را زیر برف کرده و به آن فکر نکنند، تغییرات دیگر برای آن‌ها پیش نخواهد آمد. غافل از این‌که «تغییر» به محض این‌که ندیده گرفته شود، تبدیل به مفهومی تهدید آمیز گشته و ممکن است به بروز بحران، منجر شود.

> به جرأت می‌توان گفت که بازاریابی شبکه‌ای اولین و تنها صنعتی است که بر خلاف کارهای سنتی، بر پایهٔ «تغییرات»، طراحی و بنا گشته است، به این معنی که ابتدا با یک برنامهٔ دقیق و حساب شده، افراد را برای رویارویی، پذیرش، گذر و انطباق با چالشها پرورش داده و در نهایت، آنها را با آموزشهای مناسب به «تغییر» عادت می‌دهد. تا جایی که نت‌ورکرها دیگر نمی‌توانند خود را با انجامِ کارهایِ روتینِ تکراریِ موجِ دومی، راضی نگه دارند.

۵.۴.۱.۲- فراتر از «وقت طلا است»[۳۹]

زمانی که آهنگ حرکت و تغییر، بیشتر و شتابان‌تر می‌گردد، معادلهٔ خطی موج دومی «وقت طلا است»، تغییر می‌کند؛ هر چه آهنگ فعالیت اقتصادی، سرعت

۳۹ مراجعه شود به بخش ۴.۱.۳- هم‌زمان‌سازی، «زمان مساوی است با پول»، صفحهٔ ۴۶

بیشتری یابد، هر واحدی از زمان، ارزش بیشتری پیدا خواهد نمود. به عنوان نمونه، امروزه، در سیستم‌های خرده فروشی[۴۰] یا کارهای خدماتی، مشتری‌ها خواهان پاسخ‌های فوری، خدمات سریع و محصولاتی هستند که باعث صرفه جویی در وقت می‌گردد.

همیشه نت‌ورکرها، بهترین خدمات دهندگان به مشتری‌های خود هستند. زیرا همیشه در دسترس آنها بوده و اطلاعات جامعی، مربوط به محصولات فروخته شده دارند. از همه مهم‌تر، دستورهای جدید خرید مشتری‌های‌شان را در کوتاه‌ترین زمان، ثبت و محصولات را به مشتری‌ها تحویل می‌دهند.

۵.۴.۲- نظام جدید خانواده و کلبهٔ الکترونیک

امروزه در هر منزلی، زیرساخت‌های لازم – شامل یک خط اینترنت و یک دستگاه کامپیوتر – جهت انجام امور اداری و تجاری وجود دارد. بنابراین، ساعت کار شناور و تمرکززدایی از یک طرف و تقلیل تعداد کارگرانی که با تولید کالاهای فیزیکی، سر و کار دارند از طرف دیگر، بعد از سی‌صد سال، این امکان را به افراد می‌دهد که حداقل بخشی از کار خود را در منزل انجام داده و بنابراین، مدت بیشتری در کنار خانوادهٔ خود باشند. اما واقعا چه کسی جرأت دارد تا اولین گام را به سوی انتقال از «کار متمرکز»، به «کار در خانه» بردارد؟

شیوهٔ تجارتی که در آن افراد بیشترین بازدهی و بهترین نتیجه را از کار در خانه‌های خود بگیرند، شیوهٔ تجارت موج سومی است.

---

۴۰ B۲C یا Business to Consumer

این امر به معنای تقویت مجدد نظام خانواده و رواج مجدد روابط عمیق چهره به چهره و عاطفی بین اعضای خانواده و بین همسایه‌ها می‌باشد. والدین می‌توانند با حضور بیشتر در کنار فرزندان، در تعلیم و تربیت آن‌ها، نقش بیشتر و مؤثرتری داشته باشند. در نتیجه بخش زیادی از مشکل بحران هویت نسل جوان، مرتفع خواهد گردید.

به نظر می‌رسد، بازاریابی شبکه‌ای، اولین صنعتی است که در بُعد کلان، امکان انتقال کار به خانه و در کنار خانواده را فراهم و توصیه می‌نماید.

۵.۴.۲.۱- شخصیت‌های موج سومی

از کودکانی که در کلبهٔ الکترونیک بزرگ می‌شوند، انتظار می‌رود، مستقیماً به کارهای شغلی خانواده کشانده شده و از سنین پایین، مسئولیت بپذیرند. بنابراین، دوران کودکی و نوجوانی آن‌ها کوتاه‌تر، پر مسئولیت‌تر و مولدتر خواهد بود. در نتیجه، انتظار می‌رود، از آن‌ها نسلی پر تلاش و موفق به بار آید.

از آن کودکان، جوانانی به بار می‌آیند که نسبت به یکدیگر خصوصیات اخلاقی متفاوتی دارند. آن‌ها، تشنهٔ اطلاعات هستند، با همسالان خود کم‌تر می‌جوشند، تمایل کم‌تری به مصرف داشته و همچنین، کم‌تر به عیش و لذت‌جویی رغبت خواهند داشت.

در نهایت، نسلی پدید می‌آید که افراد آن، مسئولیت‌پذیرتر می‌باشند، از قدرت انطباق و سازگاری بیشتری برخوردار هستند، بیش از والدینشان، الگوهایِ سنتیِ حاکم بر جامعه را زیر سؤال می‌برند. از همه مهم‌تر، تنها در شرایط فقر و محرومیت زیاد، فقط برای پول کار خواهند کرد.

هم‌اکنون حماقت محض خواهد بود، اگر مدیران و کارفرمایان موج دومی، همانند گذشته بپندارند که صاحب جان و مال این افراد هستند و می‌توانند خواسته‌های خود را به عنوان ارزش‌ها بر آنها دیکته کنند.

به نظر می‌رسد، در زندگی آن‌ها تعادل بیشتری برقرار باشد. تعادل، بین کار و تفریح و بین کار فکری و کار دستی. درنهایت، آن‌ها نسبت به مردمان گذشته، خود را به شیوهٔ پیچیده‌تری مورد ارزیابی قرار می‌دهند.

۵.۴.۲.۲- فاصلهٔ بین نسل‌ها

در حال حاضر، در کل سطح سیاره با معضلی روبرو هستیم به نام "فاصلهٔ بین نسل‌ها". این فاصله که در موج اول وجود نداشت، فارغ از دین، فرهنگ و سنت، در همهٔ کشورها، در حال افزایش است، تا جایی که می‌توان چنین ادعا نمود که امروزه والدین، زبان فرزندان خود را متوجه نمی‌شوند. گویا آن‌ها با زبانی متفاوت صحبت می‌کنند. دلیل اصلی این معضل، همان دگرگونی در قلمرو اطلاعات و انفجار جریان اطلاعات[۴۱] می‌باشد که خود، هم‌اکنون با سرعت بیشتری در حال رشد است و باعث می‌گردد که هر نسل نسبت به نسل قبل از خود به اطلاعاتِ بیشتر و سفارشی شده‌تری، دسترسی داشته باشد. در صورتی‌که در گذشته‌ای نه چندان دور، اطلاعات والدین از فرزندان بیشتر بود و بنابراین اطلاعات از والدین به فرزندان منتقل می‌گردید.

اگر امروز نتوان روالی برای ایجادِ جریانِ اطلاعات از سمت فرزندان به والدین و همچنین زمینه‌هایی برای فعالیت‌هایِ خانوادگیِ مشترک ایجاد نمود،

۴۱ مراجعه شود به بخش ۵.۱.۳- دگرگونی قلمرو اطلاعات، صفحهٔ ۶۲

نمی‌توان بر این مشکل غلبه پیدا کرد.

بازاریابی شبکه‌ای، یکی از فعالیتهای مشترک اقتصادی در خانواده و راه حلی مناسب برای ایجاد جریان دو طرفهٔ اطلاعات بین والدین و قشر مسن و باتجربه با قشر جوان و بی‌تجربه می‌باشد.

۵.۴.۳- تنهایی تکنولوژیکی

برای جریان داشتن زندگی شاد و دلپذیر در هر جامعه‌ای، می‌بایست سه نیاز اساسی فرد شناخته و تأمین شود. نیاز به تعلق اجتماعی، نیاز به ساختار و نیاز به معنی. با فرو ریختن نظام‌های موج دومی، تعلقات اجتماعی و ساختارهایِ ذهنیِ موجود، فرو ریخته و جای خود را به تنهایی آزاردهنده‌ای می‌دهد.

۵.۴.۳.۱- تعلق اجتماعی

در کارخانه‌ها و ادارات متراکم موج دومی، انبوهی از کارگران و کارمندان، زمان زیادی را با هم گذرانده، ساعات زیادی راجع به علایق مشترک خود صحبت نموده و احساس تعلق اجتماعی در آن‌ها شکل می‌گرفت. در موج اول نیز، همین اتفاق در خانواده‌ها و روابط فامیلی می‌افتاد. افراد از مصاحبت همدیگر لذت می‌بردند و به شرکت، سازمان یا فامیل خود احساس تعلق و وفاداری می‌نمودند. اما امروزه، عوامل زیادی از جمله پیدایش سلیقه‌های مختلف، انفجار اطلاعات و تکنولوژی موج سومی، این تعلق اجتماعی را از بین برده، باعث پیدایش «تنهایی»، در بعد کلان گشته و توجه همگان را برانگیخته است.[۴۲]

۴۲ قبل از پیدایش سلیقه‌های مختلف و انفجار اطلاعات، مراجعه شود به صفحهٔ ۶۳

راهکارها و پیشنهادهای زیادی برای حل این معضل ارائه شده است، از جمله این‌که شرکت‌ها، کارمندان و کارگران خود را به تشکیل شرکت‌های کوچک تشویق نموده و با آن‌ها قرار داد همکاری ببندند.

شرکت‌های بازاریابی شبکه‌ای، مشتاق‌ترین شرکت‌ها برای دادن استقلال و مسئولیت به تیم‌های فروش خود، خارج از حوزهٔ شرکت می‌باشند.

راهکار دیگر این‌که افراد مسن و بازنشسته، در تماس رو در رو با جوانان قرار گیرند. آن‌ها، غنی‌ترین منبع تجربه و در نتیجه بهترین مشاوران هستند. در این حالت، روابطی عاطفی، آمیخته با احترام و تعلق خاطر به وجود خواهد آمد.

جلسات متعدد نتورکرها، تنها و بهترین جایی است که طیف وسیعی از افراد، اعم از پیر و جوان، همواره با هم ملاقات کرده و صمیمانه به تبادل تجربه و اطلاعات می‌پردازند.

۵.۴.۳.۲- ساختار ذهنی

در زندگی موج دوم، ساختارِ ذهنی، سطحی و کلیشه‌ای بود. زیرا ساختارِ زندگیِ اغلبِ کارمندان و کارگرانِ موج دومی، کارکردن و فراهم نمودن امکانات بهتر جهت رفاه بیشتر خانوادهٔ خود بود. این ساختار در آن دوران، چنان تثبیت شده بود که به صورت هدفی از پیش تعریف شده، درآمده بود.

امروزه، با شکسته شدن ساختارهای موج دومی، نبود هدف و بنابراین، جای خالی «ساختار» و «نظم» در زندگی اغلب افراد، به وضوح دیده می‌شود، به

خصوص در قشر جوان، که بیشتر در معرض تحولات موج سومی قرار گرفته‌اند. تنبلی، افسردگی و روی آوردن به اعتیاد نشانه‌های بارز همین مسئله می‌باشد.

تعیین هدف و برنامه‌ریزی برای آینده، از رُکن‌های کاری نتورکرهاست. به عنوان یکی از نتایج مثبت، مشاهده شده که نرخ ترک اعتیاد در بعضی از تیم‌های فروش، از نرخ موفقیت دوره‌های ترک اعتیاد بالاتر می‌باشد.

۵.۴.۳.۳- معنی

«معنی‌دار» بودن زندگی، یعنی داشتن روابط سالم با محیط اطراف، شامل خانواده، محل کار و در نهایت جهان هستی. از آنجایی که انسان موجودی است که ذاتاً در جستجوی معنی است، این نیاز را تا حدودی در روابط اجتماعی خود، مرتفع می‌نماید. فقط کافی است که انسان، در مرحلهٔ تعیین هدف، بدور از هیجانات و گرفتن تأثیر از محیط پیرامون، بر اساس ارزش‌های انسانی، اهداف خود را تعیین نموده و به آن‌ها متعهد باشد.

۵.۴.۴- افزایش تولید، برای مصرف شخصی

تولید، برای مصرف شخصی به این معنی است که مردم بخشی از نیازها و مایحتاج‌شان را که خارج از حوزهٔ تخصص‌شان است؛ بدون مراجعه به بازار، خود تولید یا تأمین نمایند. بالا رفتن نرخ هزینهٔ خدمات، یکی از عامل‌های مهمِ افزایشِ این موضوع است. رایج‌ترین مثال، اینکه امروزه، بسیاری از افراد، تعمیرات مقدماتی یا نصب و به روزرسانی نرم افزارهای کامپیوتر شخصی خود را خودشان انجام می‌دهند. نمونهٔ دیگر، شرکت "IKEA" می‌باشد که توانست با

توجه به همین اصل و دخیل کردن مشتری‌ها در امر مونتاژ، که در حقیقت بخشی از روال تولید محصول می‌باشد، محبوبیت پیدا کرده و به سرعت رشد نماید.

یک نتورکر یاد می‌گیرد که همهٔ کارهایش را خودش انجام دهد. از آماده کردن و برگزاری پرزنت گرفته تا انجام جلسات آموزشی و مدیریت نظام مالی. اما در یک سازمان موج دومی، هر یک از کارهای ذکر شده توسط بخش مربوطه انجام می‌گردد.

البته، اهمیت و تفاوت تولید برای مصرف شخصی، در جوامعی که هنوز به صورت کامل صنعتی و تخصصی نشده بودند، کاملاً احساس نخواهد شد.

یکی از مزایای بازاریابی شبکه‌ای که از بین بردن فاصلهٔ بین نسل‌ها است، باعث افزایش تولید، برای مصرف شخصی می‌گردد. زیرا افراد مسن، دانایی خود را در اختیار افراد جوانتر می‌گذارند.

۵.۴.۵- تعریف دوبارهٔ شرکت

موج سوم، با انتقال بخشی از قدرت به کارمندان، کلیهٔ قوانین و تعاریف حاکم بر واحد اقتصادی، موج دوم یعنی شرکت را متحول می‌نماید، از کارمندان آن گرفته تا سیستم توزیع کار و مدیریت. در ادامه، مشخصات یک واحد اقتصادی پویای موج سومی را بررسی می‌نماییم.

۵.۴.۵.۱- کارمندان موج سومی

برخلاف کارمندان فرمانبردار موج دومی که عادت به کار بی‌وقفه، بدون سؤال و

تکراری داشتند، کارفرمایان موج سوم، به افرادی نیاز خواهند داشت که کورکورانه از دستورات پیروی نکنند. سؤال نموده و پاسخ بخواهند. مسئولیت بیشتری قبول کرده، درک بیشتری از ارتباط کار خود با کار دیگران داشته و نسبت به افراد محیط اطراف خود بی‌تفاوت نباشند. بتوانند وظایف بزرگ‌تری بر عهده گرفته و به سرعت با اوضاع تطبیق پیدا کنند. کم‌تر فرمان‌بردار بوده و اتکاء به نفس و سرعت عمل بیشتری داشته باشند.

شاید این یکی از زیباترین تعاریف موجود از یک نتورکر باشد.

بدیهی است که برای راضی نگه داشتن و انگیزه دادن به چنین نیروهای پرتوانی، حقوق و مزایای معین و استانداردی وجود ندارد که بتوان با آن، همهٔ کارکنان را راضی نگه داشت و یا تشویق نمود.

در حقیقت، «پول»، قدرت انگیزشیِ سابق خود را از دست داده است. به این معنی که دیگر، هدف افراد نبوده در نتیجه پول اضافی، آن‌ها را به شوق نمی‌آورد؛ زیرا خواسته‌های آن‌ها از کار و محیط کارشان، متفاوت و چند بعدی شده است.

به نظر می‌رسد، بازاریابی شبکه‌ای، اولین صنعتی است که در بعد کلان و درآموزشهای خود، ارزش پول را زیر سؤال برده و آن را صرفاً ابزاری برای رسیدن به اهداف والاتر می‌داند.

۵.۴.۵.۲- کارمندان خود مختار

در گذشته، قدرت مدیران ارشد یا میانی شرکت‌ها و کارخانه‌ها، صرفاً از نیاز

کارمندان و کارگران به چک حقوق ماهانه نشأت نمی‌گرفت. بلکه به خاطر دانش و اطلاعاتِ تخصصیِ برتر آن‌ها راجع به مواد اولیه، محصولات، شیوه‌های تولید، برنامه‌های شرکت، بازار هدف، رقیب‌ها و رقابت‌ها، متد بازاریابی، سیاست‌های فروش و غیره بود. کارمندان، فقط می‌دانستند که باید سخت کار کنند. بنابراین، در روال کار، تولید یا فروش، ابتدا باید مشکل یا نقصی پیش می‌آمد تا مراتب به اطلاع مدیر مربوطه برسد. سپس وی راه حل مناسب را ارائه می‌داد و راه حل، توسط کارمندان اجرا شده و نتیجه چه درست یا چه نادرست، دوباره به مدیر منتقل می‌شد. این روال تا زمانی که آن مشکل یا نقص برطرف نمی‌شد، ادامه پیدا می‌کرد. این روال مستلزم صرف زمان زیاد و بنابراین سرمایه بود.

اما امروزه، سطح دانش و تجربهٔ کارمندان و کارگران موج سومی از مدیران خود بالاتر رفته است. زیرا آن‌ها، علاوه بر دریافت اطلاعات کافی از مدیران خود، در ضمنِ کار، تجربهٔ با ارزشی می‌اندوزند. بنابراین، نه تنها کارگران یا کارمندان، آمادگی رویارویی با مشکلات را دارند؛ بلکه می‌توانند بسیاری از آن‌ها را از قبل پیش‌بینی نموده و با برنامه‌ریزی مناسب، همیشه برای مواجهه و رفع آن‌ها آماده باشند.

به همین دلیل، در یک تیم پویای بازاریابی، باید دانش بازاریاب‌ها از مسئولین و مدیران خود بیشتر باشد. در غیر این‌صورت آن تیم به راحتی در مقابل کوچترین مشکلات یا چالشها از هم خواهد پاشید.

به زبان ساده، اتفاقی که در شرکت موج سومی می‌افتد، این است که بار دانش و آگاهی و در نتیجه بار تصمیم‌گیری از نو توزیع می‌گردد. یعنی کارمندان و کارگران در ادارهٔ امور شرکت‌ها و کارخانه‌ها دخالت داده می‌شوند. آن‌ها

وظایفی را انجام می‌دهند که روزگاری مختص مدیران اجرایی بود.

امروزه، شرکت‌هایی موفقیت بیشتری دارند که به جای برنامه‌ریزی و مدیریت تیم فروش خود، از آن خط گرفته و توسط آن هدایت شوند.

۵.۴.۵.۳- کارمندان تعویض ناپذیر

با افزایش سطح دانش و آگاهی، کار فکری و بار تصمیم‌گیری افراد، آن‌ها تعویض‌ناپذیرتر می‌شوند. به عنوان مثال، یک مهندس به شیوه‌ای با کامپیوتر خود کار می‌کند که با شیوهٔ مهندسی دیگر متفاوت است. یا هر تحلیلگری، شیوهٔ خاص خود را در تحلیل دارد. بنابراین، اگر شخصی محل کار خود را ترک کند، آن شرکت یا باید شخصی دیگر را با همان مهارت‌ها پیدا کند یا کارمند جدید خود را آموزش دهد که هر دوی این روش‌ها، زمان‌بر و گران می‌باشند. بدین ترتیب، هزینه‌های جایگزین کردن هر فرد، افزایش یافته و به همان میزان، قدرت چانه‌زنی‌اش افزایش میابد.

قدرت نفوذ یک لیدر، در مجموعهٔ خود، به خاطر طرز تفکر خاص و شیوهٔ منحصر به فرد تحلیل و برنامه‌ریزی وی می‌باشد. به همین دلیل است که فروش یک شرکت بازاریابی شبکه‌ای، به شدت به لیدرهایش وابسته است. مهم‌تر اینکه لیدرها تعویض ناپذیر می‌باشند.

۵.۴.۵.۴- تیم‌های خودانگیخته

افرادی که به شدت به موضوعی مشترک علاقمند شده یا منافع مشترکی دارند، از

طریق ارتباطات – نه از طریق فرمایشی – پس از یافتن یکدیگر، مدام در حال تبادل اطلاعات هستند. زیرا ارزش ارتباطاتِ آن‌ها به آن‌چه می‌دانند بستگی دارد، نه به این‌که در کجای سلسله مراتب قرار گرفته‌اند. برای این گروه‌ها از بالا، هیچ مأموریت یا وظیفه‌ای تعیین نمی‌شود. این فرایند که از ریشه، بر ضد سلسله مراتب و دیوان‌سالاری است، تنها در صورتی میسر می‌گردد که به افراد، آزادی عمل زیادی داده شود. این فرایند، یک عکس‌العمل زنجیره‌ای از خلاقیت را به وجود می‌آورد. به همین دلیل است که این تیم‌ها، بیشتر در سازمان‌هایی شکل می‌گیرند که بالاترین نیاز به نوآوریِ رقابت جویانه را داشته باشند.

تشکیل این‌گونه تیم‌ها، یکی از دلایل بروز و رشد توانایی‌های نت‌ورکرها، چه در سطح فردی و چه در زمینهٔ بازاریابی، فروش و راهبری می‌باشد.

۵.۴.۵.۵ - شرکت چند منظوره

هر شرکتی، علاوه بر تولیداتش، «آثاری» نیز دارد که به هیچ وجه اقتصادی نیستند؛ اما جزو تولیدات شرکت محسوب شده و شرکت در قبال ایجاد آن آثار مسئول می‌باشد. این آثار یا تولیدات جانبی عبارتند از آثار محیطی، اجتماعی، اطلاعاتی، آموزشی و اخلاقی. به عنوان نمونه، می‌توان به این موارد اشاره نمود: تأثیر تولیدات یک شرکت – از مرحلهٔ تولید تا مصرف و بازیافت – بر محیط زیست، میزان ساعت کاری کارمندان آن شرکت که نسبت عکس با حضور آن‌ها در کنار خانواده دارد و آموزش‌های جدیدی که کارمندان دریافت می‌کنند.

بنابراین، شرکت‌ها باید بتوانند علاوه بر ارائهٔ یک گزارش مالی در انتهای هر دوره، یک گزارش اجتماعی نیز ارائه دهند. زیرا هدف شرکت، از یک

هدف واحدِ تک بعدی، به مقاصدی چندگانه تغییر یافته و هویت جدیدی از شرکت را رقم زده است.

آموزشهای مختلف رایج بین نت‌ورکرها، در حقیقت، جهت رسیدن به اهداف ثانویه و غیر مادی می‌باشد. همچنین برخی شعارها، مانند رشد برای کمک به دیگران یا استفاده از محصولات طبیعی، جهت حفاظت از طبیعت، در حقیقت بسیار واقعی و جزئی از تعریف شرکت‌ها می‌باشند.

چنین شرکتی، نیازمند مدیرانی باهوش‌تر و زیرک‌تر می‌باشد، که بتوانند با مشخص کردن اهداف چندگانه و وزن دادن به هر کدام، آن‌ها را به یکدیگر مرتبط نموده و سپس شیوه‌ای برای رسیدن به همهٔ اهداف تعیین شده اتخاذ نمایند.

یکی از تفاوتهای اصلی راهبر - لیدر - با یک مدیر، لزوم داشتن چنین مهارت‌هایی می‌باشد.

۵.۴.۵.۶- شرکت‌های فراملیتی

شرکتهای موج سومی، از چنان پتانسیل بالایی برای گسترش و عبور از مرزهای فیزیکی برخوردارند که نه تنها برای گسترش آن‌ها به فرای مرزها احتیاجی به تلاش و سرمایهٔ فراوان وجود ندارد؛ بلکه برای جلوگیری از رشد و گسترش خود به خودی آن‌ها باید، محدودیت‌هایی قائل شد و موانعی ایجاد نمود.

در نیم قرن گذشته، شاهد تولد شرکت فراملیتی و جهانی کردن نظام تولید و توزیع کالاها بودیم. شرکتِ چند ملیتی یا فراملیتی، شرکتی است که در کشوری پژوهش کند، جای دیگری قطعات اولیه را بسازد، در کشور سوم آن‌ها را مونتاژ نموده و در نهایت در کشورهای دیگر، کالاهای خود را به فروش برساند.

۵.۴.۵.۷- مدیریت ماتریسی

یکی از نتایج تمرکززدایی این است که افراد، بیشتر از یک رئیس پیدا نموده و سازمان‌ها، نظم سلسله مراتبی خود را از دست می‌دهند. زیرا کارمندان برای انجام اموری که یک بخش به تنهایی، از عهدهٔ انجام آن برنمی‌آید، موظف می‌گردند تا با بخش‌های دیگر همکاری نمایند.

به عنوان نمونه، امروزه ممکن است یک گروهِ پروژه، از متخصصینِ بخش‌های مهندسی، طراحی، IT، تحقیق و پژوهش، مالی و فروش تشکیل شده باشد. بنابراین اعضای تیم، روالِ پیشرفِ پروژه‌های مختلف را علاوه بر رئیس خود، به مدیر پروژه نیز گزارش می‌دهند.

> در این صنعت، همکاری نزدیک و بدون واسطهٔ اعضاء و تیم فروششان که با آن‌ها چندین سطح فاصلهٔ دارند و همچنین همکاری افرادی که در تیم‌های موازی قرار دارند، نمونهٔ بارز و موفق مدیریتِ ماتریسیِ موجِ سومی است.

یکی از مزایای این روش این است که کارمندان، می‌توانند در آنِ واحد، بیش از یک کار یا وظیفه را انجام دهند. همچنین به سازمان نیز کمک می‌کند که پاسخگوی رویدادهای متفاوت و به سرعت در حال تحول باشد. از همه مهم‌تر قسمت زیادی از بار تصمیم‌گیری‌های روزمره از دوش مدیران میانی و ارشد

برداشته خواهد شد.

به همین دلیل با بزرگ‌تر شدن تیم هر نت‌ورکری، مسئولیت‌های وی کمتر شده و وقت آزاد بیشتری پیدا می‌کند و می‌تواند شروع به ساختنِ تیم‌هایِ فروشِ جدید نماید یا به جنبه‌های دیگر زندگی خود بپردازد.

۵.۴.۵.۸- شرکت‌های زنده و انعطاف پذیر

شرکت‌های موج دومی، با قوانین خشک و کند مدیریتی، انعطاف ناپذیرند. در مقابل، شرکت‌های موج سومی، به دلیل استفاده از کارمندان خودمختار[۴۳] در تیم‌های خودانگیخته[۴۴] و استفاده از شیوه‌های مدیریت ماتریسی[۴۵] و راهبری،[۴۶] از واحدهای نامتمرکز با ساختارهای مختلف تشکیل شده که به آن‌ها قابلیت انعطاف پذیری بالایی می‌دهد. هر کدام از این واحدهای کوچک، دوره‌های تولد، بلوغ و شاید کهن سالی و مرگ را طی می‌کنند. بنابراین، یک شرکت موج سومی که مجموعه‌ای از این واحدها است، همچون موجودی زنده در مقابل هر پدیده یا چالشی جدید، به سرعت واکنش نشان داده و مسیر مناسب را پیش می‌گیرد. ویژگی کلیدی این شرکت‌ها و واحدهای تشکیل دهندهٔ آن‌ها این است که ساختار واحدها، روابط درونی آن‌ها و روابط ما بین آن‌ها از قبل مشخص نشده‌اند.

به عنوان نمونه، بخش فروش یک شرکت موج سومی از مجموعهٔ چند گروه و واحد اقتصادی کوچکتر تشکیل شده که هر کدام، ساختار و استراتژی

۴۳ مراجعه شود به بخش ۵.۴.۵.۲- کارمندان خود مختار، صفحهٔ ۸۴
۴۴ مراجعه شود به بخش ۵.۴.۵.۴- تیم‌های خودانگیخته، صفحهٔ ۸۶
۴۵ مراجعه شود به بخش ۵.۴.۵.۷- مدیریت ماتریسی، صفحهٔ ۸۹
۴۶ مراجعه شود به بخش ۶.۹.۲- مدیریت در مقابل راهبری، صفحهٔ ۱۲۹

مجزایی داشته و به صورت مستقل، وظیفهٔ فروش و تولید سود را بر عهده دارند. همین مسئله راجع به بخش تولید یک کارخانهٔ موج سومی نیز صادق است.

> شیوهٔ فروش بازاریابی شبکه‌ای متشکل از تعداد بی‌شماری از تیم‌هایی است که هر کدام، خودبه‌خود شکل گرفته و رشد می‌کنند و گاه در مواجه شدن با بعضی از مشکلات از هم می‌پاشند، اما شرکت به فروش خود از طریق تیم‌های فعال دیگر ادامه می‌دهد.

۵.۴.۶- متحول شدن بازار

در طول دوران موج دوم، «بازار» از طریق بلعیدن جمعیت کشورهایی که تک به تک، غرق در موج دوم می‌شدند، گسترش پیدا می‌نمود. اما امروز، مدت‌هاست که «بازار» به نهایت مرزهای فیزیکی خود رسیده[۴۷] است. بنابراین، راه گسترش آن، ارائهٔ خدمات و کالاهای اضافه‌تر و سفارشی شده می‌باشد. شرکت "آپِل"[۴۸] با توجه به همین نکته، از سال ۲۰۰۶، با ایجاد تنوع در محصولات خود، بازاری چند میلیارد دلاری به دست آورد.

> بازاریابی شبکه‌ای، راه حلی مناسب برای ساختن بسترهای مورد نیاز جهت عرضهٔ محصولات گوناگون می‌باشد.

اما سیستم فعلی توزیع توانایی، این‌گونه خدمات‌رسانی را نداشته و بنابراین، بخش‌های مهمی از آن نیاز به طرح ریزی دوباره دارند. به عنوان مثال،

۴۷ منبع media۳.bournemouth.ac.uk/marketing/۰۲defining/۰۱history.html
۴۸ Apple Inc.

شرکت "اَپل"[48] هنگامِ عرضهٔ محصولاتِ جدید، هم‌زمان نظامِ خرده فروشی خود را نیز متحول نمود. این شرکت با معرفی فروشگاه برنامه‌های کاربردی[49] خود و به عهده گرفتن مسئولیت نظارت و کنترل بر روی نرم‌افزارهای تولید شده برای محصولاتش، شیوهٔ جدیدی از نظام توزیع برای نرم‌افزارها را ابداء کرد.

> بازاریابی شبکه‌ای، بهترین راه حل برای ارائهٔ و توزیع محصولات جدید و سفارشی در مقابل سیستم موج دومی توزیع، مبتنی بر تبلیغات – که یکی از اهداف اصلی آن اجازه ندادن به رشد رقبا است – می‌باشد.

البته، مفاهیم حاکم بر «بازار»، خود دچار تغییرات بنیادینی گشته و بنابراین «بازار»، در فصل‌های آینده، به صورت مجزا بررسی خواهد گردید.

۵.۴.۶.۱- ورود مشتری به چرخهٔ تولید[50]

یکی از آثار اصل استانداردزدایی و بیشینه‌زدایی[51] این است که شرکت‌های موج سومی، این امکان را به مشتری‌های خود می‌دهند که بتوانند بدون واسطه، بازخوردها[52] شامل انتقادها، طرح‌ها، نظرات و پیشنهادات خود را در اختیار آن‌ها قرار دهند. به زبان دیگر، در شرکت‌های موج سومی، چرخهٔ تولید از نیازهای مشتری آغاز می‌گردد،[53] نه از تیم فروش و نه از تیم تحقیق و توسعه.[54]

به عنوان یک مثال نمادین، در یک کارخانهٔ تولید جواهرات، به جای

---

۴۹ App Store

۵۰ برای اطلاعات بیشتر مراجعه شود به (۹ ص. ۱۱۰ و ۱۱۱)

۵۱ مراجعه شود به بخش ۵.۳.۱- فراتر از استاندارد و بیشینه‌زدایی، صفحهٔ ۶۵

۵۲ Feedback

۵۳ برای اطلاعات تکمیلی مراجعه شود به (۱۰ ص. ۲۵ الی ۴۴، فصل اول)

۵۴ R&D یا Research and Development

اینکه شرکت، با صرف هزینهٔ بسیار، تعداد زیادی محصول را در رنگ‌ها و طرح‌های مختلف تولید و انبار نموده و سپس اقدام به فروش آن‌ها نماید، این امکان را به مشتری‌های خود می‌دهد که ابتدا جنس، طرح و ترکیب رنگی مورد نظر خود را انتخاب کنند تا کارخانه، آن محصول را تولید نماید.

> شرکتی که در آن جریان مؤثر و بدون واسطهٔ اطلاعات، بین مشتری و شرکت وجود نداشته باشد، موج دومی است.

هم‌اکنون، کارخانه‌هایی وجود دارند که قبل از تولید، به مشتری‌های خود اجازه می‌دهند تا رنگ ماشین، حجم موتور، مدل و طرح تودوزی، سیستم صوتی، رینگ و لاستیک و موارد دیگری را مطابق میل خود، انتخاب نموده و سفارش دهند.

> بازاریابی شبکه‌ای، تنها صنعتی است که توانسته است در بُعد کلان، مشتری‌های خود را وارد چرخهٔ تولید خود نماید. در ارائه دادن بازخوردها و نظرات مفید و سازنده به شرکت، هیچ کس مصمم‌تر و دلسوزتر از بازاریابی که خود مصرف کنندهٔ محصولات شرکت نیز می‌باشد، نیست. زیرا افزایش کیفیت محصولات شرکت، به معنی افزایش میزان فروش و سود وی خواهد بود.

۵.۵- خلاصهٔ مطالب فصل

۱- بیشتر از پنجاه سال از آغاز موج سوم تمدن می‌گذرد.

۲- گران‌شدن منابع طبیعی، همانند انرژی‌های فسیلی، به نابودی کشیده‌شدن

طبیعت و انفجار جریان اطلاعات از عوامل اصلی آغاز تحولات جدید بود.

۳- اصول موج سوم، برای ایجاد یک جامعهٔ فراصنعتی با استفاده از تکنولوژی موج دوم در جهت افزایش بهره‌وری:

۳.۱. استانداردزدایی و بیشینه‌زدایی: امروزه، تولید و توزیع محصولاتِ سفارشی و متنوع، دارای هزینه‌ای کم‌تر و سود بالاتری می‌باشد.

۳.۲. هم‌زمان‌زدایی و تراکم‌زدایی: به لطف تکتولوژی ارتباطات، دیگر نیازی به حضور فیزیکی کارگرانی که درگیر خط تولید نمی‌باشند، در کارخانه‌ها و همکاری هم‌زمان آن‌ها نیست.

۳.۲.۱. زمان شناور، با دادن حق انتخاب به افراد، باعث افزایش راندمان کاری آن‌ها می‌گردد.

۳.۳. تمرکززدایی: یعنی انتقالِ قدرتِ مدیران به سطوح پایین‌ترِ سازمان‌ها.

۴- در موج سوم، سرعت انجام تغییرات در همهٔ زمینه‌ها چندین برابر گشته و همچنان این سرعت رو به افزایش می‌باشد.

۵- خانوادهٔ موج سومی، محیطی برای گذراندن وقت بیشتر همراه خانواده و کانونی گرم برای پرورش فرزندان می‌باشد.

۶- جوانان موج سومی، کم‌تر در دام برنامهٔ موج دوم، جهت آمادگی برای کار تکراری در کارخانه‌ها گرفتار شده، غالباً از سنین پایین بخشی از مسئولیت‌های شغلی خانواده را پذیرفته و دارای طرز فکر، اهداف و نیازهای متفاوتی می‌باشند.

۶.۱. این تفاوت‌ها باعث ایجاد فاصلهٔ بیشتری بین نسل‌ها، از بین رفتن تعلقات اجتماعی افراد و تنهاتر شدن انسان‌ها، شکسته شدن الگوهای کلیشه‌ای زندگی و گم شدن معنی آن می‌گردد.

۷- افزایش قیمت خدمات، از دلایل اصلی گسترش دوبارهٔ فرهنگ «تولید برای مصرف شخصی» می‌باشد.

۸- امروزه، کارمندان موج سومی، به جای اطاعت محض، در تصمیم‌گیری‌ها شرکت نموه و بخشی از مسئولیت‌ها را بر عهده می‌گیرند. این یعنی انتقال بار تصمیم‌گیری و بنابراین، انقلابی در نظام توزیع قدرت! چنین کارمندانی را نمی‌توان صرفاً با پول اغنا نمود.

۹- تجربه و مهارت افراد در صنایع تخصصی موج سومی، موجب تعویض‌ناپذیر شدن آن‌ها می‌گردد.

۱۰- کارمندان موج سومی، بدون توجه به سلسله مراتب‌های اداری، با پیدا نمودن افراد مورد نیاز خود، اطلاعات مورد نظرشان را به دست می‌آورند.

۱۱- شرکت‌ها، دیگر نمی‌توانند بدون توجه به آثار تولیدات خود بر طبیعت، خانواده‌ها و اجتماع، به بقاء خود ادامه دهند.

۱۲- شرکت‌های موج سومی، به دلیل داشتن هسته‌ای کوچک و چابک و ایجاد شبکه‌های مستقل توزیع و فروش، می‌توانند محصولات خود را به سرعت در کشورهای مختلف عرضه نمایند.

۱۳- ساختار شرکت‌های موج سومی، ثابت و از پیش تعیین شده نیست. بخش‌های مختلف آن، مطابق توان مدیران و کارمندانش رشد نموده یا این‌که منحل می‌گردد.

۱۴- کارمندان موج سومی، در آن واحد، بیشتر از یک مسئولیت را بر عهده داشته و بنابراین با بیش از یک مدیر تبادل اطلاعات می‌نمایند.

۱۵- بازار کهنهٔ موج دوم، به نهایت مرزهای فیزیکی خود رسیده است، در نتیجه امروزه، برای گسترشِ خود، نیازمند محصولات سفارشی و نظام نوین توزیع

خرده فروشی می‌باشد.

۱۵.۱.ارائهٔ محصولات سفارشی، به معنای ورود مشتری‌ها به چرخهٔ تولید کارخانه‌ها می‌باشد.

۵.۶- جمع بندی

۱- موج سوم، جهشی دوباره برای بالاتر بردن کیفیت زندگی بشر در سطحی وسیع‌تر می‌باشد.

۲- موج سوم، با بیشینه‌زدایی و ارج نهادن بر تفاوت‌ها، دوباره برای فردیت افراد و پتانسیل‌های تک‌تک آن‌ها ارزش قائل شده و آن را در جهت رشد فردی و رشد اقتصادی جامعه به خدمت گرفته است.

۳- اصول موج سوم و چهارچوب‌های آن بسیار سودآورتر از شش اصل صنعتی موج دومی می‌باشد.[۵۵]

> برای داشتن تجارتی موفق و سودآور، مهم نیست که چه محصولی را از چه روشی بفروشیم. بلکه مهم این است که بر طبق اصول کدام موج تمدن، عملیات تولید، بازاریابی، فروش و توزیع محصولات را انجام دهیم.

۴- مدل تجارتی موفق و پایدار خواهد بود که از قوانین موج سوم در تمام زمینه‌ها به صورت کامل تبعیت نماید. زیرا موج دومِ تمدن در حال فرونشستن و قوانین آن در حال منسوخ شدن است، همان‌گونه که همین

۵۵ به عنوان یک مقایسهٔ واقعی مطالعهٔ مقالهٔ «علم بهتر است یا نفت» پیشنهاد می‌گردد: www.tabnak.ir/fa/news/۲۹۶۵۳۹

اتفاق برای موج کشاورزی رخ داد.

۵- ساختار بازاریابی شبکه‌ایِ سالم و واقعی، کاملاً منطبق با اصول و قوانین تجارت موج سومی است.

استفاده و به خدمت گرفتن اصول موج سوم است که باعث رونق و رشد بازاریابی شبکه‌ای گشته است. هر چه زمان بیشتری بگذرد و اصول موج سوم بیشتر در تار و پود جامعه تنیده گردد، این صنعت، رشد بیشتری خواهد داشت. بنابراین، ساده اندیشی و کوته نظری است اگر بیکاری، رکودهای اخیرِ اقتصادی، وعده‌های سودهای کلان نت‌ورکرها یا عوامل دیگری را دلیل رشد این صنعت دانسته و آن را مقطعی خوانیم.

اما هنوز یک سؤال باقی است. اصول و قوانین موج سوم، چرا و چگونه چندین برابر سودآورتر از موج دوم است؟

۶- چهارچوب ذهنی[۵۶] موج سومی

در این فصل، بخش دیگری از المانهای ذهنی مورد نیاز برای داشتن یک تجارت مدرن طرح و بررسی می‌گردند که رعایت تمامی آنها برای رسیدن به موفقیت در صنعت بازاریابی شبکه‌ای الزامی می‌باشد.

همان‌طور که در مقدمه گفته شد، هدف ما از بررسیِ سیرِ تمدنِ بشر، پیدا نمودن الگوهای جهش، تغییر و تکاملِ آن می‌باشد. زیرا این الگوها، دانشی دقیق‌تر و صحیح‌تر – برای شناخت و بررسی پدیده‌های نوظهوری همچون بازاریابی شبکه‌ای – در اختیار ما قرار داده و بنابراین، راهنمای ایده‌آلی برای انتخاب یک استراتژی مناسب، در همهٔ جوانب زندگی می‌باشند. به همین منظور، برای آشکارتر شدن این الگوها، به مقایسه‌ای سریع بین سه تمدن عصر کشاورزی، عصر صنعت و عصر الکترونیک می‌پردازیم تا با بررسیِ تفاوت‌های آن‌ها و جابه‌جایی و تغییر شکل قدرت در هر دوره، بتوانیم تفاوت‌های شیوهٔ تجارت در موج دوم و سوم و همچنین، جایگاه بازاریابی شبکه‌ای را در دنیای حاضر و دنیای آینده، به شکلی واضح‌تر تبیین نماییم.

سی‌صد سال پیش، اگر دهقانی تصور می‌نمود که به زودی روزی فرا

---

۵۶ Paradigm

می‌رسد که مزارع از وجود کشاورزان خالی شده و مردم، برای تأمین روزی و مایحتاج خود به شهرها هجوم می‌برند، دیوانه محسوب می‌شد. امروز نیز اگر شخصی به اندازهٔ کافی شهامت داشته باشد که بگوید روزی فرا می‌رسد که کارخانه‌های عظیم و مؤسسات و ادارات بزرگ به صورت نیمه‌خالی یا متروک درخواهند آمد، کسی او را باور نخواهد کرد.

در این فصل خواهیم دید که در هر موج، همه چیز از تعاریف و ابزار گرفته تا شیوهٔ زندگی دگرگون می‌شود. اولین نتیجه‌ای که می‌توان از این مقایسه گرفت این است که انسان‌ها برای همسو شدن با تغییرات و قوانین جدید موج سومی، نیازمند به تغییر چهارچوب‌های ذهنی خود – جهت یاد گرفتن تئوری‌های جدید موج سومی و دور ریختن عقاید کهنهٔ موج صنعتی – می‌باشند.[۵۷]

آموزشهای صنعت بازاریابی شبکه‌ای، گاه به صورت غیرمستقیم و گاه کاملاً به صورت مستقیم، از تغییر چهارچوبهای ذهنی آغاز می‌گردد. فروشنده‌های تازه وارد، ابتدا روشِ صحیحِ تفکر برای کسب ثروت و قدمهای رسیدن به آن را می‌آموزند. طرزِ تفکریِ متفاوت، با آن چیزی است که تا به امروز به آن عمل می‌نمودند.

معمولاً، اولین نکته‌ای که در آموزشهای نت‌وررکها مطرح می‌شود، دور ریختن ذهنیت‌های قدیمی و به قول معروف خالی کردن فنجان ذهن است. در حقیقت به فروشنده‌های جدید، آموزش داده می‌شود که برای فراگیری قوانین و مفاهیم موج سومی تجارت، ابتدا باید دانش و تجربهٔ مدل تجارت موج دومی را از ذهن خود پاک ساخته و ذهن خود را از آن خالی نمایند.

---

۵۷ Paradigm Shift

۶.۱- مقایسهٔ موارد کلی

موارد آورده شده در ادامه، ظاهراً، ارتباطی با بازاریابی شبکه‌ای ندارند؛ اما در حقیقت توجه به این مطالب، ذهن خواننده را برای شناسایی و شکار الگوهای جهش و تغییرِ داوطلبانهٔ چهارچوب ذهنی آماده می‌نماید.

موج اول، انرژی مورد نیاز خود را از هیزم، باد و آب و فضولات حیوانات تهیه می‌نمود که احیاء پذیر می‌باشند. در موج دوم سوخت‌های فسیلیِ احیاء ناپذیر و بسیار آلاینده مانند نفت، زغال‌سنگ و گاز وارد بازار شدند. حالا مردم، برای تهیهٔ سوخت باید هزینه پرداخت می‌کردند. در موج سوم، انرژی هسته‌ای و استفاده از منابع انرژی‌های نامتمرکز طبیعی مانند انرژی بادی و خورشیدی در حال گسترش می‌باشد.

در موج اول، طبیعت، زادگاه بشر بود. در موج دوم، بشر، درگیر جنگی خصمانه و خونین با طبیعت شد. اما در موج سوم، انسان، با بینشی تازه بر همزیستی و هم‌آهنگی با طبیعت تاکید می‌ورزد. به این معنی که امروزه به جای چپاول طبیعت، از آن محافظت می‌نماید. همچنین، علاقه به غذاهای طبیعی، زایمان به شکل طبیعی، مراقبت از بدن و مواردی از این قبیل که همگی به معنی هماهنگی و همسویی با روال طبیعت است، در حال گسترش می‌باشد.

در موج اول، اعتقاد بر این بود که زمان، یک دایرهٔ بزرگ تکرار شدنی است، هیچ گاه کم نمی‌آید یا تمام نمی‌شود. یعنی همهٔ روزها شبیه به یکدیگر و هم ارزش هستند. اگر امروز، کاری انجام نمی‌شد، آن را روز بعد انجام می‌دادند. اعتقاد به تناسخ، یکی از نتایج این شیوهٔ نگرش به جهان هستی است.

موج دوم ، زمان را به فواصل دقیقتر و استاندارد تقسیم نمود و آن را در خط مستقیمی جای داد که از گذشتهٔ بی‌انتها تا آینده بی‌انتها امتداد دارد. از نظر اقتصادی نیز، زمان از یک مفهوم تکراری به رابطه‌ای خطی تغییر پیدا کرد. به این معنی که زمان ارزش‌مند شد. اگر کاری در زمانی خاص انجام نشود، سرمایه و انرژی به هدر رفته است.

در موج سوم، زمان، تبدیل به مفهومی ناپیوسته گشته که قابل کش‌آمدن یا جمع‌شدن است و می‌تواند دچار انحناء گردد. زمان در اقتصاد نیز به واحدی برای انتقال اطلاعات تبدیل شده و بنابراین به عنوان تعریف ثانویهٔ سرمایه به مفهومی فراتر از «وقت طلاست»، ارتقاء پیدا نموده است .[58]

در موج اول، راجع به چگونگی پیدایش جهان، منشأ اشیاء و یا دلیل رعد و برق، اسطوره‌های بسیاری وجود داشت.

در موج دوم، اتم گرایی فلسفی و فیزیکی پیشرفت کرد. نظریه‌هایی مطرح شدند، مبنی بر این‌که جهان یک کل یکپارچه نیست و از ذراتی مجرد، فوق‌العاده ریز و فناناپذیر تشکیل گردیده است. همچنین، کشف قانون عمومی جاذبه توسط "نیوتن" و این مسئله که «حرکت» از اِعمال نیروهای خارجی بر ماده ناشی می‌گردد، باعث شد تا جهانِ غامض، پیچیده، غیرقابل پیش‌بینی، آشفته و اسرارآمیز، ناگهان به مجموعه‌ای دقیق که نظم زیبایی بر آن حاکم است، تبدیل گردد. بشر توانست با این نگرش برای اغلب پدیده‌های هستی، جوابی علت و معلولی پیدا نماید.

موج سوم، باعث تولد تفکرِ «برخورد سیستمی» شد. به این معنی که

---

۵۸ مراجعه شود به بخش ۵.۴.۱.۲- فراتر از «وقت طلا است»، صفحهٔ ۷۶

برای شناخت و تحلیل یک مجموعه، علاوه بر خُرد کردن آن به پاره سیستم‌ها و تجزیه و تحلیل عوامل متشکله، باید به روابط بازخوردی[۵۲] میان پاره سیستم‌ها و کُل‌های بزرگ‌تری که از این واحدها تشکیل می‌شود، پرداخت. به زبان دیگر، امروزه این فرض که می‌توان کل را با مطالعۀ اجزاء آن بطور مجزا درک نمود، از درجۀ اعتبار ساقط گشته است.

> در صنعت بازاریابی شبکه‌ای، اگر به روابط بازخوردی بین مجموعه‌ها و همچنین به روابط میان نت‌ورکرها و افراد جامعه – یعنی روابط بین کل‌های بزرگ‌تر- توجه نشود و توسط تک‌تک اعضاء مدیریت نگردد، خیلی سریع، تصویری نامناسب و نظری منفی نسبت به این تجارت در سطح جامعه ایجاد می‌گردد.

در موج اول، در بسیاری از جوامع، افراد خود را جزئی از یک موجود بزرگ‌تر مانند خانواده یا قبیله می‌دانستند. بشر، بیشتر، جزئی از طبیعت بود که در «حیات» حقیقی حیوانات، گیاهان، رودخانه‌ها و صخره‌ها مشارکت داشت تا موجودی مفرد و خود مختار.

در موج دوم، فردیت افراد و به تبع آن خواسته‌های فردی آن‌ها شکل گرفت. بشر، حق داشت مستقل از خانوادۀ خود، برای خود فعالیت یا تجارت نموده، موفق شود یا گرسنه بماند.

در موج سوم، نقش خانواده و تعاملات آن دوباره گسترش می‌یابد و افراد می‌آموزند که چطور با حفظ حریم شخصی خود، در زندگی دیگران، اجتماع و طبیعت تأثیری مثبت ایجاد نمایند.

در موج اول، سیستم آموزش وجود نداشت و آموزش در انحصار طبقۀ حاکم و اشراف بود. در موج دوم، آموزش، متراکم، هم‌زمان و استاندارد گردید. کودکان برای کار در کارخانه‌ها آماده می‌شدند. کاری تکراری و بدون سؤال! در موج سوم، سیستم‌های آموزشی بسیار متنوع گشته و به شاهرگ‌های تولید و تجارت تبدیل گشته‌اند.

در موج اول، هر کسی مسئول اجرای وظایف خود به شیوۀ دلخواه خود بود. موج دوم، کراراً دقت و سخت‌گیری را در سطح کارگران و کارمندان، مورد تحسین قرار می‌داد و تخیل و ابتکار را مجازات و محدود می‌نمود. در موج سوم تفاوت‌ها، نبوغ، خلاقیت و نوآوری، در هر سطحی از شرکت و جامعه، مجاز و قابل تقدیر است و افراد می‌توانند ابتکار عمل داشته باشند.

در موج اول، فقط چند اختراع ساده و ابتدایی صورت گرفت. شاید بتوان اختراعات کل آن دوران را با انگشتان دست شمرد. اختراعاتاتی مانند چرخ، کاغذ، اهرم، باروت و غیره. در موج دوم، روند اختراعات ضروری برای پیشبرد صنعت، آغاز شده و سرعت گرفت. در موج سوم، اختراعات غیر ضروری جهت تفریح و سرگرمی بشر رونق پیدا کرده است.

صنایع اصلی در موج اول، کشاورزی و دامداری بود و در موج دوم فولاد، ماشین‌سازی و صنایع شیمیایی. در موج سوم، صنایع الکترونیک و کامپیوتر، هوا و فضا و ژنتیک در زمره صنایع اصلی قرار گرفته اند.

در موج اول، مرزها دقیقاً مشخص نبود. مثلاً، می‌گفتند از این کوه‌ها به آن طرف محدودۀ این قوم و قبیله یا آن کشور است. در موج دوم، مرزها و

سرحد کشورها، کاملاً خط کشی و مشخص شده و تردد بین مرزها مشمول قوانین کشورها شد. در موج سوم، برای سهولت در تجارت، مرزهای فیزیکی باز شدند.

ساختار خانواده‌های پر جمعیت – واحد اقتصادی – موج اولی به تدریج و طی تجربهٔ دردناکی شروع به تغییر کرد و مهاجرت به شهرها برای کار در کارخانه‌ها، خانواده‌هایِ کم جمعیتِ هسته‌ایِ موجِ دومی را شکل داد.

در موج سوم، خانواده‌ها با داشتن تجارت‌های خانوادگیِ کوچک و ارائهٔ خدمات و محصولات سفارشی، اشکال گوناگونی را تشکیل می‌دهند، دوباره اقتدار و احترام به خانواده بازگشته و قدرت و اختیارات آن احیاء می‌گردد.

فرزندان موج اولی، از همان اولین مراحل خود آگاهی، والدینشان را در حین کار دیده و با دنیای واقعی آشنا می‌شدند. اما در موج دوم، کودکان، اغلب در محیطی غیر واقعی رشد می‌کردند. به خاطر رفتن به مدرسه و ساعت کاری والدین در خارج از خانه، از آن‌ها جدا شده و ایده و اطلاعاتی راجع به این‌که بزرگ‌ترها در چه محیطی مشغول به انجام چه کاری هستند، نداشتند.

در موج سوم، کودکان دوباره در کنار خانواده رشد نموده و با مشاهدهٔ فعالیت اقتصادی آن‌ها برای ورود به جامعه آماده می‌شوند و حتی می‌توانند مسئولیت انجام بعضی از امور را نیز به عهده گیرند.[۵۹]

۶.۲- مفهوم پیشرفت

در موج اول، «پیشرفت»، مفهومی جانبی بود و دغدغهٔ کسی محسوب نمی‌شد. در

۵۹ مراجعه شود به بخش ۵.۴.۲.۱- شخصیت‌های موج سومی، صفحهٔ ۷۸

موج دوم، به یکی از تعاریف کلیدی و خط مشی‌های اصلی زندگی تبدیل گردید. هر دستاورد علمی یا کالای پیشرفته‌تری که ساخته می‌شد، دلیلی برای «پیشرفت» به سوی کمال تمدن انسانی تلقی می‌شد. توسعه، صرفاً یک فرایند اقتصادی بود و مذهب، فرهنگ، زندگی خانوادگی و جایگاه زن و مرد در آن اهمیتی نداشت. معیارِ سنجشِ «پیشرفت»، رشد تکنولوژی یا ارتقاء سطح مادی زندگی بود. اما به مرور مشاهده شد که این دیدگاه باعث ویرانی محیط زیست و به بردگی کشیده شدن مردمان کشورهای دارای مواد خام مورد نیاز صنعت موج دوم می‌گردد.

در موج سوم، جامعه‌ای که از نظر فرهنگی، اخلاقی، زیبایی‌شناسی یا محیط زیستی دچار انحطاط گشته است، دیگر جامعه‌ای پیشرفته، مدرن یا ثروتمند محسوب نمی‌گردد. علاوه بر آن، امروزه «پیشرفت»، دیگر یک مسیر واحد و مشخص برای تمامی جوامع نیست. به این معنی که جوامع گوناگون می‌توانند از راه‌های مختلف «پیشرفت» نمایند؛ نه فقط از راه توسعهٔ صنعتی و تکنولوژیکی. بنابراین امروزه، «پیشرفت» مانند درختی که شاخه‌های آن فرهنگ‌ها و آیین‌های بومی است، در حال ساختن آینده می‌باشد.

این تعاریف، برای شرکت‌ها و همچنین در سطح زندگی فردی افراد نیز، صادق و معتبر می‌باشند.

۶.۳- مفهوم موفقیت

تا زمانی که کشورهای صنعتی با ثبات، در حال پیشرفت و ثروتمندتر شدن بودند، می‌توانستند مدل «موفقی» برای دیگر کشورها باشند. اما در اواخر دههٔ ۱۹۶۰، بحران صنعتی به نقطهٔ انفجار رسید و اعتصاب، تباهی، بحران هویت،

جنایت و پریشانی‌های روانی، این کشورها را فرا گرفت و این فرضیه که موفقیت یعنی پیشرفت به شیوهٔ موج دومی، بی اعتبار گردید.

از سوی دیگر، یکی از پیش‌فرض‌های مدل «موفقیت» موج دومی این بود که: «اول، توسعه پیدا کن بعد ثروتمند خواهی شد». اما در اواخر موج دوم، ثروتمند شدنِ ناگهانیِ کشورهای موج اولی از راه افزایشِ قیمتِ صادراتِ منابعِ طبیعیِ مورد نیاز جوامع صنعتی – به دلیل آگاه شدن آن‌ها از ارزش واقعی منابع – این پیش‌فرض را وارونه نمود. این کشورهای ثروتمند، تنها در صورتی «موفق» محسوب می‌شدند که بتوانند توسعه پیدا نمایند و بنابراین با سرمایه‌گذاری در صنایع خود، شروع به توسعه نمودند.

امروزه، کشورهایی موفق محسوب می‌شوند که بدون الگوبرداری‌های کورکورانه، بتوانند از پتانسیل‌های بومی، فرهنگی و جغرافیایی خود استفاده کرده و مسیر پیشرفتِ خود را خود تعیین نمایند.

در بازاریابی شبکه‌ای افرادی موفق و الگو شناخته می‌شوند که بیشترین خدمات را به مجموعه و لیدرهای خود ارائه داده، دارای بالاترین سطح اطلاعات بوده، مجموعهٔ آنها بیشترین میزان حس رضایتمندی را داشته و در نهایت بیشترین درآمد را کسب نمایند.

به همین دلیل افراد زیادی که ریشه‌های ذهنی موج سومی دارند، با وجود این‌که از نظر مالی تأمین هستند، باز هم برای بهره‌مند شدن از مزایای بی‌شمار بازاریابی شبکه‌ای و تجربهٔ «موفقیت»، به این تجارت روی می‌آورند.

۶.۴- تولید، نظام مالی و استثمار مدرن

در موج اول، مردم، مایحتاج خودشان را خود تولید می‌نمودند. تجارتی وجود نداشت و نظام مالی و وابستگی به آن در کار نبود.

موج دوم، هدف تولید را برای عرضه به بازار، جهت تبدیل به پول تغییر داد.[۶۰] بنابراین، تولیدکنندگان برای تبادل کالاها، اسیر مراودات پولی گشته و کشورها در دام نظام مالی جهانی گرفتار شدند.

قتل و غارت‌ها و چپاول‌های موج اول، در برابر نظام استثمارگر موج دوم، دله دزدی‌ای بیش نبود. کشورهای صنعتی، مواد خام مورد نیاز کارخانه‌های خود را به جای استخراج از منابع خود، به ثمن بخس از جوامع موج اول تهیه می‌نمودند. آن‌ها با این ترفند که جوامع موج اولی استفاده‌ای از منابع طبیعی خود ندارند، می‌توانستد با فریفتن، پرداخت رشوه یا تبانی با حاکمان جوامع موج اولی، قیمت مواد اولیه را پایین نگه دارند. به عنوان مثال، آفریقایی‌ها به فلز کُرُم یا کائوچو احتیاجی نداشته و اعراب خاورمیانه از طلای سیاه خود استفاده نمی‌کردند.

در اوایل موج سوم، موافقت‌نامهٔ عمومی تعرفهٔ گمرکی و بازرگانی[۶۱] که بعد از جنگ جهانی، دوم بوسیلهٔ آمریکا پیشنهاد گردید، با شعار «تسریع تجارت آزاد» به کمک صندوق بین‌المللی پول و بانک جهانی توانست، در ظاهر برنامه‌ای برای کمک به التیام زخم‌های جنگ جهانی و بازسازی کشورهای آسیب‌دیده، ایجاد کند؛ اما در حقیقت، یک جریان یک طرفهٔ ناعادلانهٔ منافع، از سمت کشورهای در حال توسعه، به سمت کشورهای مدرن و توسعه یافته ایجاد نمود.

---

۶۰ مراجعه شود به ۴.۴.۱- شکاف نامرئی، صفحهٔ ۵۲

۶۱ GATT

زیرا این سه[۶۲] با یکدیگر باعث می‌شوند که کشورهای فقیرتر که از نظر تکنولوژی عقب‌مانده‌تر هستند، در حفظ صنایع نوپایشان با مشکل روبرو گشته و مجدداً، تبدیل به بازار مصرف کشورهای توسعه یافته شوند.[۶۳] به این ترتیب، حلقهٔ استعمار کشورهای توسعه‌یافته کامل گردید.[۶۴]

از طرف دیگر، امروزه در سطح خرد جامعه، تنوعِ روزافزونِ خدمات و کالاهای غیر ضروری، گران قیمت و اختصاصی که هم‌اکنون در کشورهای مصرف‌گرا توزیع می‌گردد و زمانی مختص کشورهای صنعتی و بسیار پیشرفته بود، تلاشی از جانب شرکت‌های فراملیتی برای فریب دادن و دست آموزی مشتری‌ها، جهت ایجاد نیازهای کاذب در آن‌ها می‌باشد. این شرکت‌ها به کمک حجم بسیار عظیم تبلیغات مستقیم و غیرمستقیم و ایجاد فرهنگ مصرف‌گرایی، حتی به فقیرترین و دورافتاده‌ترین مردم دنیا نیز، این فکر را القاء می‌کنند که تولیدات محلی آن‌ها در سطحی به مراتب پایین‌تر از بی‌کیفیت‌ترین و بی‌ارزش‌ترین تولیدهای آن شرکت‌ها قرار دارد.

۶.۴.۱- نقش دولت‌های موج دومی در استثمار شدن

از یک سو، کشورهای موج دومی، به دلیل داشتنِ تفکرِ موجِ دومی، تأکید بر شش اصل صنعتی[۶۵] و بنابراین نظام ارزشیِ آن،[۶۶] به صورت غیر مستقیم باعث گشته تا مردم، تلاش‌های خود را حقیر شمرده، آن‌چه را که خود خلق می‌کنند، بی‌ارزش

۶۲ موافقت‌نامهٔ عمومی تعرفهٔ گمرکی و بازرگانی، صندوق بین‌المللی پول و بانک جهانی.
۶۳ به عنوان مثال، وارد شدن فروشگاه‌های زنجیره‌ای بین‌المللی به هر کشوری، صنعت خار و بار فروشی و خرده فروشی آن کشور را کساد نموده و از رونق می‌اندازد.
۶۴ منبع (۱ ص. ۱۲۷ الی ۱۳۰، بخش انسجام دهی به سبک آمریکایی)
۶۵ مراجعه شود به بخش ۴.۱- شش اصل موج صنعت، صفحهٔ ۴۴
۶۶ مراجعه شود به بخش ۴.۴.۴- زندگی بی‌روح ماشینی، صفحهٔ ۵۵

دانسته و طبق الگوهای زندگی وارداتی، به مصرف کالاهای وارداتی روی آورند.[۶۷]

از سوی دیگر، تلاشِ دولت‌ها برای مبارزهٔ مستقیم با این جریان نتیجهٔ چندانی نخواهد داشت. زیرا **اول**. با وجود ایجاد ممنوعیت و محدودیت در روال ورود و توزیع بعضی از کالاها به کشور، باز مشاهده می‌گردد که آن کالاها، با قیمتی گران‌تر، در اختیار عموم قرار دارند. **دوم**، تبلیغات بازدارندهٔ دولت‌ها در مقابل حجمِ عظیمِ تبلیغاتِ تشویق کننده و تحریک کنندهٔ شرکت‌های فراملیتی، موفقیت به سزایی ندارد.

به عنوان نمونه، چاپ عکس ریهٔ افراد سیگاری بر روی پاکت‌های سیگار، آن چنان تأثیری بر کاهش حجم مصرف آن ندارد![۶۸] زیرا مهم نیست دولت‌ها چه تبلیغی می‌کند، بلکه مهم این است که مردم، لذت، سود، آرامش یا سعادت خود را در چه می‌پندارند. همچنین، تبلیغ‌ها و برنامه‌های متنوع راجع به خوردن خوراک و نوشیدنی‌های سالم در مقابل غذاهای آماده[۶۹] و نوشیدنی‌های گازدار، موفقیت زیادی را به همراه نداشته است.[۶۹]

البته، استثمار مدرن به همین‌جا ختم نشده و این شیوه، با بیشتر فرو بردن چنگال نظام مالی در پوست و گوشت جامعه، در قالب بدهی به بانک‌ها، تحت عناوین مختلف – همانند بدهی‌های کارت‌های اعتباری – تقریباً رهایی از این دام را محال و غیر ممکن ساخته است.

---

۶۷ تفکر موج دومی یعنی نمایش خط تولیدهای بی‌انتهای صنایع موج دومی در اخبارها و گزارش‌های خبری، تحسین و تقدیر از صنعتگرانی که تولیداتی موج دومی دارند، ساختن شهرک‌های متراکم موج دومی و تشویق مردم به مشارکت در آن‌ها یا حتی شروع عملیات ساخت یک مجتمع چند طبقه در یکی از محله‌های شهر، که همگی به منزلهٔ شلیک آغاز مسابقه در جهت گسترش نظام کهنهٔ صنعتی می‌باشند.

۶۸ منبع www.melateiran.com

۶۹ Fast Food منبع www.tebyan.net/newindex.aspx?pid=۱۶۱۰۶۹

در ادامه، خواهیم دید که چگونه بازاریابی شبکه‌ای ابزاری مناسب برای مقابله با استعمار مدرن می‌باشد.

۶.۴.۲- مبارزه با استثمار

به صورت خلاصه، استعمار مدرن عبارت است از ایجاد فرهنگ مصرف‌گرا، گرایش به خدمات و محصولات غیرضروری و لوکسِ خارجی، بی‌ارزش جلوه دادن تولیدات محلی، تشویق تجاّر برای کسب نمایندگی شرکت‌های فراملیتی و گرفتار کردن مردم در دام نظام مالی به شکل بدهی به بانک‌ها و مؤسسات.[۷۰]

به نظر می‌رسد یکی از روش‌های مؤثر در مبارزه با این شیوهٔ استعمار، از یک سو، «ایجاد فرهنگِ تولید و مصرفِ محصولاتِ بومی» است و از سوی دیگر، رواج شیوهٔ «تولید برای مصرف شخصی»، تا بتوان بدین وسیله بر «فرهنگ مصرف‌گرا» غلبه نمود و اندکی از وابستگی به نظام مالی رها گردید.

بنابراین، دولت‌ها باید بهترین و پر ابتکارترین کالاهای خود ساخته و مولدترین شیوه‌های توزیع و مصرف را مورد تشویق قرار دهند. همچنین، به جای تشویق کشاورزان برای مهاجرت به شهرها و پیوستن به کارخانه‌های عظیم، بر توسعهٔ روستایی تأکید نمایند. مردم را تشویق کنند تا حداقل بخشی از مواد غذایی خود را مانند سبزی‌ها و میوه‌ها به شکل طبیعی و بدون استفاده از کودهای صنعتی تولید کنند. فکر داشتن باغی کوچک جهت نگه داشتن دام و طیور و خوردن تخم مرغ محلی، برای صبحانه و شیر طبیعی که رقیق نشده باشد، جذاب و رویایی است. همچنین ایجاد، صنایع غیرمتمرکز در روستاها و اهمیت دادن به

۷۰ مراجعه شود به بخش ۶.۴- تولید، نظام مالی و استثمار مدرن، صفحهٔ ۱۰۷

صنایع محلی، راه حل مناسبی برای غلبه بر بحران‌های اقتصادی خواهد بود.

در حقیقت، لذتی که در زندگی موج سومی، شامل زندگی هماهنگ با طبیعت، به سبک طبیعی و کار و تجارت در چهارچوب ارزش‌های موج سومی، نهفته است، می‌تواند جایگزین مناسبی باشد برای لذّت‌های کاذب موج دومی که با تکیه بر خلاء‌های عاطفی و ارزشی و کمبودهای موج دوم ایجاد گشته و توسط تبلیغات سودجویانه به آن دامن زده شده است.

> بازاریابی شبکه‌ای، می‌تواند در بُعد کلان، در اشاعهٔ فرهنگ «تولید برای مصرف شخصی» و «توسعهٔ روستایی» - که نیازمند وجود امکان «کار در خارج از محیط کارخانه و اداره» می‌باشد – بسیار مؤثر باشد.

۶.۵- مفهوم تغییر و شتاب آن

در طی ده هزار سال از عمر موج اول، تغییر چندانی در زندگی بشر پدید نیامد. در موج دوم، با افزایش تعداد اختراعات و ورود لوازم جدید و متنوع به زندگی بشر، از یک سو و افزایش روابط افراد – به دلیل تغییر واحد اقتصادی از خانواده به کشور – از سوی دیگر، روند تغییر در همهٔ جنبه‌های خانواده و کار پدیدار شد، اما هنوز سرعت آن، زیر آستانهٔ درک و تحمل افراد بود. به این معنی که **اول**، تغییرات، قابل شناسایی بودند و **دوم**، مردم فرصت کافی برای تطبیق با آن را داشتند. یعنی می‌توانستند هر موضوع را بررسی نموده و برای نشان دادن عکس‌العمل مناسب آماده گردند.

به زبان دیگر، تعداد چالش‌ها در طول عمر هر شخص یا شرکتی بسیار پایین بود؛ شاید در حد یک یا دو چالش در سال. حتی در روال عادی زندگی، هر

شخص، معمولاً پس از انتخاب شغل خود، در همان حرفه باقی می‌ماند و شاید فقط هر چند سال یکبار به دلیل گرفتن ترفیع، مجبور بود، مسئولیت‌های بیشتری قبول کند یا چند مطلب جدید بیاموزد.

در موج سوم، تعداد و تنوع چالش‌ها با شتابی چنان فزاینده افزایش[۷۱] پیدا نموده که از آستانهٔ درک و تحمل افراد فراتر رفته است. به این معنی که **اول**. بسیاری از تغییرات و چالش‌ها از دید مردم یا مسئولین مخفی می‌ماند و **دوم**. تصمیم‌گیرندگان، فرصت کافی برای تحلیل و بررسی بعضی از چالش‌های شناسایی شده و بنابراین اتخاذ تصمیم‌های مناسب را ندارند؛ زیرا «بار تصمیم‌گیری» آن‌ها بیشتر شده است و مجبورند تصمیمات بیشتری را در زمان کوتاه‌تری اتخاذ نمایند.

بازاریابی شبکه‌ای، یکی از با ثبات‌ترین تجارت‌ها می‌باشد. با وجود تأثیر فراوان فرایند تغییر، افراد با فراگیری روش‌ها و تکنیک‌های شناسایی و تشخیص آن‌ها، در یافتن، برنامه‌ریزی و مواجهه با آن‌ها کارآزموده شده و ورزیده می‌گردند.

بحران‌های اقتصادی در سطح محلی، ملی یا جهانی تغییراتی هستند که به موقع شناسایی و مهار نشده‌اند. حوادثی، مانند از دست رفتن مشتری‌های ناراضی در شرکت‌ها، ورشکسته شدن کارخانه‌های عظیم اتومبیل‌سازی یا رکود اقتصادی جهانی از این قبیل موارد هستند.

عکس‌العمل‌های عجولانه و قانون‌های دست و پا گیر دولت‌ها در مواجهه

---

۷۱ مراجعه شود به بخش ۵.۴.۱- افزایشِ شتابِ تغییرات، صفحهٔ ۷۳

با پدیده‌های نوظهوری که ابتدا در جامعه نفوذ کرده و سپس، دستگاه دولتی نسبت به گسترش آن‌ها مطلع می‌گردد، بیانگر افزایش تصاعدی تعداد تغییرات و بنابراین عدم وجود زمان کافی، جهت بررسی و واکنش مناسب به آن‌ها توسط دولت‌ها می‌باشد. معمولاً در چنین مواردی، دولت‌ها ابتدا به هر وسیلهٔ ممکن آهنگ حرکت پدیده‌های جدید را کند یا متوقف نموده و سپس، به بررسی و موضع‌گیری می‌پردازند. البته، متأسفانه چنین رویکری، باعث از بین رفتن توان کارآفرینان و کور شدنِ استعدادِ افرادِ پیشرو، در آن زمینه گشته و این امر به زیان منافع ملی کشورها می‌باشد.

به عنوان نمونه، مدتی پس از ورود خدمات اینترنت به کشور، کافی‌نت‌ها همانند قارچ، همه جا گسترش پیدا کردند. چندی بعد، بسیاری از صاحبان کافی‌نت‌ها به شکل ناگهانی دستگیر و داشتن کافی‌نت غیرقانونی اعلام شد. سپس در طی چند ماه، قوانینی در این زمینه وضع گردید، مجوزهایی صادر شد و کافی‌نت‌ها دوباره بازگشایی شدند. همین اتفاق، برای تارنوشت[۷۲] نویس‌ها نیز افتاد. همچنین تجارت اینترنتی[۷۳] در بدو ورود به بازار ایران، به دلایلی چون عدم امکان لمس مال‌التجاره‌ها حرام اعلام شد و پس از مدتی مسیر قانونی و شرعی خود را پیدا نمود و گسترش پیدا کرد.

در سطح فردی امروزه، انتخاب شغل و حرفهٔ کاری، شروعی برای مواجه شدن با چالش‌های گوناگون و متفاوت است. افراد باید مداوماً، برای حفظ شغل خود، در حال نوآوری بوده و برای پیشرفت و ترفیع گرفتن، باید در دوره‌های زیادی شرکت کرده و مطالب زیادی بیاموزند. در نهایت، برای راضی

۷۲ Weblog
۷۳ eCommerce & Online Shop

بودن از عمل‌کرد خود و رسیدن به اهدافشان بارها مجبور به تغییر شرکت، شغل یا حرفهٔ خویش می‌گردند.

بازاریابی شبکه‌ای، تغییرات بنیادینی در زندگی افراد ایجاد می‌نماید. جالب این که استراتژی خود این تجارت نیز، بر پایهٔ تغییرات بنا گشته است. هر شخص، پس از ورود به این صنعت، باید در هر قدم و مرحله، مطالب جدیدی یاد گرفته، مسئولیت‌های متفاوتی پذیرفته و امور متفاوتی را انجام دهد. ابتدا، پس از انجام فروش‌های مستقیم خویش، باید با کمک بالاسری‌ها به مشتری‌هایش کمک کند تا آنها نیز فروششان را آغاز کنند. سپس، باید برای برگزاری جلساتِ پرزنت، آموزش دیده و وظیفهٔ برگزاری پرزنت را برای تیم فروشش بر عهده گیرد. زمانی که گروهش، بزرگ‌تر از تعداد خاصی مثلاً بیست نفر شد، باید با کمک بالاسری‌ها برگزاری پرزنت را به تیمش آموزش داده و زمانی که گروهش به سی نفر رسید، باید بتواند جلسات آموزشی و تمرین را برگزار نماید. نکتهٔ مهم، سرعت توالی این مراحل می‌باشد. یعنی یک شخص، برای اینکه به مرحلهٔ راهبری مجموعه برسد، شاید تنها سه یا چهار ماه فرصت دارد و در غیر این صورت، ممکن است، نتواند مجموعه‌اش را راهبری و هدایت نماید.

۶.۶- اطلاعات[۷۴]

اطلاعات، آگاهی‌های گرد آمده از مجموعه‌ای از داده‌های[۷۵] پردازش شده، راجع

---

[۷۴] Information
[۷۵] Data

به عناصر و رویدادهای جهان هستی است. داده‌ها، جمله‌های خام بالقوه معنی‌داری هستند که از شناخت، فهمیدن و تفسیر کالاها، رویدادها یا هر چیز دیگری در دنیای واقعی و مجازی، به دست می‌آیند. این جمله‌ها از طریق روش‌های پژوهشی، ابزارهای شناخت، مانند حواس پنج‌گانه، دستگاه زبان، مغز، ذهن و تجربه تولید می‌شوند.[۷۶]

هر چند که تعریف و ماهیت اطلاعات، همیشه ثابت بوده، اما المان‌های مختلف مربوط به آن، دچار تغییرات بنیادینی گشته است.

۶.۶.۱- حجم اطلاعات

در موج اول، اکثریت مردم بیشتر از پانزده مایل از محل تولد خود دور نمی‌شدند. آن‌ها جایی، غیر از محل سکونت خود را ندیده بودند. در نتیجه افرادی که می‌توانستند از آن‌ها تقلید و الگوبرداری کنند، بسیار کم بود. بنابراین، تصاویری که به وسیلهٔ کودک روستایی از جهان خلق می‌شد، بسیار محدود بود.

موج دوم، این تصاویر و ادراک را چندین برابر کرد. زیرا کودک آن را از رادیو، تلویزیون و تبلیغات که هر کدام هدف متفاوتی را دنبال می‌نمودند، گرفت. با پیدایش رسانه‌های عمومی، تصاویر، به صورت متمرکز و توده‌ای، ایجاد شد و به ذهن انسان‌ها – به صورت همسان – تزریق گردید و به همسان کردن رفتار مورد نیازِ نظامِ تولیدِ صنعتی کمک نمود.

در اواخر این دوران، به یکباره حجم عظیمی از اطلاعات و تصاویر که عموماً مربوط به نظام تولید و توزیع بود، پدید آمد و باعث پیدایش علائق و

۷۶ منبع (۱۴ ص. اطلاعات/)

سلیقه‌های متنوع و گوناگون گردید.[77]

امروزه، با غیر توده‌ای و سفارشی شدن رسانه‌ها، انسان‌ها، تحت بمباران اطلاعاتی قرار می‌گیرند که گهگاه با یکدیگر در تناقض هستند. بنابراین، انسان‌ها مجبورند که دائماً با ذخیرهٔ تصاویر جدید، بایگانیِ ادراکیِ خود را اصلاح نمایند.

شرکتهایی که در آنها، روال تولید اطلاعات وجود ندارد، موج دومی هستند. منظور، شرکت‌هایی است که در حال تولید اطلاعات جدید راجع به محصولات، خدمات و همچنین نحوهٔ فعالیت خود نمی‌باشند.

۶.۶.۲- دوام اطلاعات و دسترسی به آن

در موج اول، خاطرات شخصی و مغز ریش سفیدها، منبع اطلاعات بود. بنابراین اطلاعات، محدود بود و از بین می‌رفت. زیرا حافظه زنده بود. مدام توسط هر فرد دچار فرسودگی، نوسازی، درهم ریختگی، ترکیب و ترکیب‌های مجدد می‌شد.

در موج دوم، با برپا شدن کتابخانه‌ها و موزه‌ها، قابلیت ذخیرهٔ اطلاعات به وجود آمد و محدودیت حافظه برداشته شد. اطلاعات، دیگر از بین نمی‌رفت و دچار تغییر نمی‌شد، اما «مرده» بود: یعنی **اول**، امکان جستجوی سریع اطلاعات وجود نداشت و بنابراین، پیدا کردن آن سخت و زمانگیر بود و **دوم**، محدودیت مکانی نیز، برای دسترسی به آن وجود داشت. به این معنی که اطلاعات مورد نیاز در مراکز یا کتابخانه‌های مختلف پخش بوده و بنابراین برای دسترسی به برخی منابع باید مسافت‌های زیادی پیموده می‌شد.

۷۷ مراجعه شود به بخش ۵.۱.۳.۱- پیدایش سلیقه‌های مختلف، صفحهٔ ۶۳

در موج سوم، اطلاعات «زنده» هستند. به این معنی که علاوه بر رفع محدودیت مکانی، به لطف شبکهٔ اینترنت، موتورهای جستجو[۷۸] با الگوریتم‌های پیچیدهٔ خود، دسترسی سریع به حجم کثیری از اطلاعت را در کسری از ثانیه امکان‌پذیر نموده‌اند.

شرکتهایی که از داده‌کاوی استفاده نمی‌کنند یا در آنها اطلاعات گم شده یا دسترسی به اطلاعاتِ موردِ نیاز سخت و زمان‌بر است، موج دومی هستند. یک نت‌ورکر خوب، کسی است که بتواند حجم زیادی از اطلاعات را به صورت مرتب و دسته‌بندی شده در اختیار تیم فروش خود قرار دهد.

۱.۲.۶.۶- آلودگی اطلاعات![۷۹]

اما غیرتوده‌ای و سفارشی شدن اطلاعات که اساس جامعهٔ انبوه‌زدایی شده می‌باشد، به همراهِ امکانِ دسترسیِ سریع به اطلاعات، یک عیب بزرگ نیز دارد. امروزه، جریان تولید اطلاعات به صورت تصاعدی افزایش پیدا می‌کند. افراد، شرکت‌ها و سازمان‌ها راجع به هر موضوع و مطلبی و با اهدافی متفاوت – گاه سازنده و گاه غیر سازنده – به صورت مداوم، مشغول به تولید اطلاعات متنوع می‌باشند. در این میان، افراد و شرکت‌هایی که به قابلیتِ تولیدِ ثروت، توسطِ جریانِ اطلاعات پی برده‌اند، گاه با هدف تولید ثروت – به هر قیمتی – به تولید اطلاعاتِ کثیف[۸۰] می‌پردازند، بدون این‌که برای وقتِ افرادِ دیگر یا عواقب و

۷۸ Search Engine
۷۹ برای اطلاعات بیشتر مراجعه شود به (۱۴ ص. Information_pollution/)
۸۰ در این کتاب، منظور از اطلاعات کثیف، اطلاعاتی است که موضوع یا تیتر آن، شبیه به موضوع اطلاعات مورد نظر ما باشد، اما در محتوی ناصحیح، غیرکاربردی، گمراه کننده، شعارگونه یا حتی بی‌ربط به موضوع مورد نظر ما می‌باشد.

تأثیر آن اطلاعات بر اجتماع، اهمیتی قائل باشند.[81]

نمونهٔ بسیار مشهود این موضوع، برخی دوره‌هایِ کوتاهِ مدتِ آموزشِ کسبِ ثروت یا راهبری یا بعضی کلاس‌های مربوط به ماوراءالطبیعه و روان‌شناسی می‌باشد. نتیجهٔ اغلب این دوره‌ها در کوتاه مدت ایجاد شادی و شعف و احساس افزایش آگاهی و سپس در بلند مدت سرگشتگی و آسیب‌های روانی همانند افسردگی است. به عنوان مثالی دیگر، چند سال پیش با یک آگهی مواجه شدم با این مضمون:

- *«آموزش کامل دفاع شخصی، فقط در چهار جلسه زیر نظر استاد ...».*

در صورتی‌که همه می‌دانند که فراگیری تمامی شاخه‌های فنون رزمی تنها با ممارست فراوان، تحت نظارت مداوم اساتید آن امکان‌پذیر می‌باشد.

با این‌که امروزه، همهٔ اطلاعات در دنیای مجازی و شبکهٔ اینترنت موجود هستند، اما به دلیلِ کثرتِ اطلاعاتِ کثیف،[۸۰] دسترسی به اطلاعاتِ موردِ نیاز، سخت و زمان‌بر شده است. کافی است تا در اینترنت راجع به موضوعی جستجو نمایید تا موتورهای جستجو،[۷۸] میلیون‌ها صفحه اطلاعات را از وب‌سایت‌های مختلف، برای شما فهرست نمایند. متأسفانه، بسیاری از آن صفحات، تبلیغاتِ نامربوط یا اطلاعاتی ناقص و اشتباه یا روشی برای ترغیب شما به پرداخت پول با وعدهٔ دریافتِ خدمات یا اطلاعاتی بیشتر می‌باشند.

علاوه بر وجود اطلاعاتِ کثیف، بعضاً این اطلاعات، بیشتر از اطلاعاتِ سالم در دسترس قرار دارند. زیرا امروزه، افراد یا شرکت‌ها می‌توانند با پرداخت هزینه‌هایی اندک،[۸۲] موتورهای جستجو را فریب داده و باعث شوند تا

---

۸۱ برای نمونه: /vista.ir/article/۳۲۰۷۵۵

۸۲ به عنوان نمونه، می‌توان از SEO:Search Engine Optimization یا Bot روبات‌های اینترنتی که به صورت مجازی تعداد مراجعه به صفحات را بالا می‌برند نام برد.

وب‌سایت‌های آن‌ها در صدر لیست جستجوی مربوط به هر موضوعی قرار گیرد، همان‌گونه که کف روی آب قرار می‌گیرد!

> در بازاریابی شبکه‌ای، به دلیل درک ارزش و اهمیت انتقال دانایی صحیح، افراد، همیشه باکیفیت‌ترین دانایی را به تیم فروش خود منتقل می‌نمایند.

۶.۶.۳- ارتباطات و جریان اطلاعات

در موج اول، ارتباطات ابتدایی بود، به کندی انجام می‌شد و به حاکمان و طبقهٔ ثروتمندان اختصاص داشت. داشتن یا نداشتن آن، دلیل یا باعث کسب سرمایه و ثروت نبود و حجم آن بسیار محدود بود.

در واحد اقتصادی خانواده نیز، جریان اطلاعات، مفهومی نداشت! به دلیل زندگی دسته جمعی و حجم پایین اتفاق‌ها، همهٔ افراد از همه چیز خبردار بودند. نهایت اطلاعاتی که ممکن بود پخش گردد، عروسی شخصی در روستای مجاور یا زایمان یکی از دام‌های همسایه‌ها بود.

در عصر صنعت، با گسترش خط آهن و سپس اختراع تلفن در اواخر آن، زمان انتقال پیام، اخبار و داده‌ها از چند ماه یا چند هفته، به چند روز و سپس، به چند ساعت و در آخر به چند ثانیه، تقلیل پیدا نمود.

در این دوران، شیوهٔ ارتباط هم‌زمان[۸۳] پدید آمد. اگر شخصی می‌خواست با شخص دیگری صحبت، تبادل اطلاعات یا تجارت نماید، باید آن دو، هم‌زمان، با یکدیگر تلفنی صحبت می‌نمودند. اگر افراد می‌خواستند از اخبار جهان

---

۸۳ Synchron

آگاه شوند، رأس ساعتی خاص، پای تلویزیون یا رادیو می‌نشستند.

همچنین در این دوران، برای ارتباطات، محدودیت حجمی وجود داشت و میزان مشخصی از اطلاعات در واحد زمان قابل انتقال بود.

از طرف دیگر، جریان اطلاعات، همیشه یک طرفه بود و توانایی تعامل مردم با رسانه‌ها وجود نداشت. به این معنی که این رسانه‌ها بودند که تصمیم می‌گرفتند، چه اخباری را در چه زمانی، در اختیار چه قشری از جامعه قرار دهند.

در موج سوم، ارتباطات به بستری برای جریان و انتقال اطلاعات تبدیل شده است. هم‌اکنون، امکان ارتباط غیرهم‌زمان[۸۴] ایجاد گردیده است. افراد، هر زمان که مایل باشند، به پیغام‌های صوتی خود گوش داده و یا به ایمیل‌های خود جواب می‌دهند. همچنین، در هر زمان که بخواهند، می‌توانند از طریق اینترنت به اخبار و اطلاعات مورد نظرشان دسترسی داشته باشند.

هم‌اکنون، می‌توان ادعا نمود که محدودیتی برای انتقال اطلاعات وجود نداشته و می‌توان، حجم عظیمی از اطلاعات را در کسری از ثانیه به هر کجای دنیا ارسال نمود.

از طرف دیگر، امروزه، جریان اطلاعات، دو طرفه گشته است. به این معنی که انسان‌ها می‌توانند، تصمیم بگیرند که به چه اطلاعات و اخباری دسترسی پیدا کرده و همچنین با نظرها و تحلیل‌های خود، خبرسازی نموده، با رسانه‌ها در تعامل باشند و اخبار جدید را منتشر نمایند.

"فیس‌بوک"، با درک این عادات و قوانین موج سومی و همچنین توجه به اصل سفارشی شدن، توانسته است تبدیل به بزرگ‌ترین و معروف‌ترین شبکهٔ

---

۸۴ Unsynchron

اجتماعی دنیا گردد.

۶.۷- ثروت و سرمایه

در موج اول، ثروت، اصل و اساس سرمایه بود و مبنای ثروت و قدرت، هر دو زمین بود. زمین، جامد و مادی است. یا آن را دارید یا ندارید. ماهیتی محدود دارد، فرسوده نمی‌گردد و بسیار محسوس است. می‌توان آن را به راحتی اندازه گرفت و روی آن راه رفت. بنابراین در آن دوران، هر کسی زمین و دام بیشتری داشت، ثروتمندتر محسوب می‌گردید.

سپس در دوران صنعت، علاوه بر زمین و دام، دارایی‌های فیزیکی نیز به مفهموم سرمایه اضافه گردید. ماشین‌ها و مواد اولیه، تبدیل به سرمایهٔ شرکت‌ها شدند. در این دوران، نماد سرمایه، طلا بود. سپس، پول کاغذی که ابتدا نمادی از طلا بود و بعدها تبدیل به نمادی از صنعت کشورها شد، برای سهولت بخشیدن به معاملات چاپ گردید.

> فعالیت‌هایی که برای آغاز یا تداوم خود، نیازمند منابع مالی هستند، معمولاً به سرمایهٔ موج دومی وابسته بوده و فعالیتی موج دومی می‌باشند.

در این عصر، صاحبان صنایع، رتبه‌های نخست فهرست ثروتمندترین افراد جهان را تصاحب نمودند.

در سال ۱۹۷۰، در ژاپن و در آغاز عصر اطلاعات، مردم و دولت متفق‌القول بوده و چنین نتیجه گرفتند که در قرن بیست و یکم «دانایی»، کلید رشد اقتصادی خواهد بود. آن‌ها از همان سال‌ها، اهمیت جریانِ اطلاعات را

فهمیده بودند. راه حل آن‌ها، برای انتقال اطلاعات، بین کارمندانشان این بود که استخدام‌ها را به صورت دوره‌ای و هم‌زمان انجام می‌دادند. به این ترتیب، چیزی به وجود می‌آمد که می‌توان آن را "کلاس ورودی" یا "همقطاران" نامید. این افراد همیشه، چه هنگام کار و چه بعد از آن، مثلاً هنگام خوردن شام ، دوست و هم صحبت همدیگر بوده و با یکدیگر اطلاعات رد و بدل می‌نمودند.[۸۵]

> برگزاری جلسات کوچک تفریحی - عموماً تا هفت نفر - بین فروشنده‌هایی که هم‌زمان با هم در یک مجموعه یا مجموعه‌های موازی، وارد تیم فروش شده‌اند، به همین منظور می‌باشد.

برخلاف عناصر قبلی ثروت، دانایی در عصر الکترونیک هیچگونه محدودیتی، چه در ذات خود[۸۶] و چه در حجم، دوام، دسترسی و انتقال[۸۷] ندارد.

امروزه، هیچ کسی، سهام شرکت‌هایی همچون "اپل" یا "ماکروسافت" را به خاطر دارایی‌های مادی آن‌ها نمی‌خرد. سرمایهٔ این شرکت‌ها، شامل تماس‌ها، روابط، قدرت بازاریابی، نیروی فروش، توان مدیریتی، دانایی کارمندان و ایده‌هایی است که هنوز پیاده‌سازی نشده‌اند. در یک کلام، امروزه سرمایه، عبارت است از تولید و به جریان انداختن دانایی.

امروزه، سرمایه غیرواقعی، فوق نمادین[۸۸] و نامحسوس گشته است. به این معنی که از نمادهایی تشکیل شده که خود، نمادی از نمادهای دیگر هستند. به عنوان نمونه، کارت اعتباری، نمادی از پولی است که خود آن یک نماد است.

---

۸۵ منبع (۲ ص. ۲۶۸)
۸۶ مراجعه شود به بخش ۲.۲.۳.۱- فواید عنصر دانایی، صفحهٔ ۳۶
۸۷ مراجعه شود به بخش ۶.۶- اطلاعات، صفحهٔ ۱۱۴
۸۸ Super symbolic

هم‌اکنون، افراد و صاحبان صنایعِ مرتبط با دانایی و تکنولوژی اطلاعات، خود را به صدر فهرست ثروتمندترین افراد دنیا رسانیده‌اند.

امروزه، همهٔ انسان‌ها، چه کارمندان شرکت‌ها و چه مشتری‌های آن‌ها در روال تولید اطلاعات، یعنی ثروت سهیم هستند. کارمندی که پشت باجهٔ بانک نشسته است و بانکداری که کار تحلیل سرمایه انجام می‌دهد، فروشندهٔ سادهٔ تلفن و متخصصین مخابرات، همگی اطلاعات، یعنی ارزش افزوده، تولید می‌کنند.

شرکت موج سومی، شرکتی است که بتواند، همهٔ این داده‌ها را پس از جمع‌آوری و طبقه‌بندی، تبدیل به دانایی قابل استفاده نماید.

بنابراین، استعفاء یا اخراج یک نفر، در هر پست و جایگاهی، باعث ایجاد نقصان در ساختار دانایی آن شرکت و ضربه خوردن آن شرکت خواهد شد.

۶.۸- ابزار

ابزارها همیشه، برای تقویت نیروی انسان و در جهت افزایش سرمایهٔ انسان اختراع گشته و گسترش پیدا کردند.

در موج اول که «زمین»، عنصر اصلی سرمایه بود، جرثقیل‌ها، گاوآهن‌ها، چرخ‌ها و اهرم‌ها، برای تقویت نیروی عضلانی انسان و حیوان و برای کار بر روی زمین‌ها بـه کار می‌رفتند.

در موج دوم نیز، نیروی عضلانی تقویت شد، ولی استفاده از نیروی ماشین جای نیروی انسان را گرفت. ماشین‌هایی ساخته شدند که با دقت و صحتی بیش از انسان، قادر به دیدن، شنیدن و لمس کردن بودند. این ماشین‌ها، خود

قابلیت تولید ابزار، داشتند و می‌توانستند به تعداد نامحدود، بیل و کلنگ، چرخ، گاوآهن و غیره تولید کنند. بنابراین، چون ابزار جدید، زور بازوی انسان‌ها را چندین برابر بیشتر کرد، سطح درآمدها نیز افزایش پیدا نمود.

در موج سوم که «دانایی»، عنصر غالب سرمایه است، ابزاری ساخته شد که بتواند «دانایی» را افزایش دهد. کامپیوتر که وسیله‌ای برای تقویت نیروی مغزی انسان و گسترش دانایی است، امروزه در تمام منازل، ادارات، کارخانه‌ها و بانک‌ها یافت می‌گردد. زیرا می‌تواند، تعداد بی‌شماری عوامل عِلّی را به خاطر سپرده و به همدیگر مرتبط سازد، سلسله مراتب حیرت‌آوری از استدلال و استنتاج بسازد، آن‌ها را پردازش نموده، از نو با هم ترکیب کرده و نتیجه‌گیری نماید، یعنی دانایی جدید ایجاد کند. امروزه، به همین دلیل که ماشین‌ها خود دانایی بیشتری تولید می‌کنند، باز سطح درآمدها افزایش پیدا نموده است.

داناییِ یک نت‌ورکر راجع به محصولات، شرکت، نحوهٔ انجام این تجارت و شیوهٔ انتقال مؤثر این دانایی، ابزار کار وی محسوب می‌گردد.

در این دوران، سرمایه، نامحسوس گشته بنابراین، ابزارها نیز نامحسوس شده و از لمس شدن دور می‌شوند. به عنوان مثال، سیستم‌های عامل[۸۹] و نرم‌افزارهای پردازش اطلاعات، ابزاری قدرتمند، اما غیرقابل لمس در جهت تولید دانایی بیشتر می‌باشند.

در سال‌های آغازین موج سوم، "بیل گیتس"،[۹۰] با درک این نکته که

۸۹ Operating Systems

۹۰ Bill Gates، یکی از مؤسسین و رئیس قبلی شرکت مایکروسافت – تأسیس ۱۹۷۵ – با ثروتی معادل ۷۹.۲ میلیارد دلار در سال ۲۰۱۳. منبع (۱۴ ص. /Bill_Gates)

ماهیت سرمایه عوض شده است، جای خالیِ ابزارِ جدید را در زندگی انسان مشاهده نمود و با شعار "قرار دادن یک کامپیوتر روی هر میز در هر منزل"،[۹۱] تبدیل به یکی از مؤثرترین و ثروتمندترین مشاهیر دنیا گردید.

۶.۹- قدرت

«خشونت»، عنصر غالب قدرت در دوران موج اول بود. هر کسی زور بیشتری داشت، قدرتمندتر محسوب می‌شد. در آن زمان، روابط حاکم بین سرمایه و قدرت ساده بود و به راحتی می‌شد فهمید که از ثروت، قدرت و از قدرت، ثروت حاصل می‌گردد. یا به عبارتی می‌توان توسط ثروت، قدرت را به خدمت گرفت.

در موج اول، قدرت دولت مرکزی، استاندارد و متمرکز نبود و عمدتاً محدود به دریافت باج و خراج می‌شد. در آن دوران، نزاع‌ها و جنگ‌ها بر سر منافع بود.

در موج دوم، بعد از وارد شدن اکثریت مردم در نظام پولی، شیوهٔ اعمال قدرت از اعمال زور، به استفاده از پول عوض شد و بنابراین مفاهیم «قدرت» و «سرمایه»، یک گام به یکدیگر نزدیک شدند. آن دسته از مالکان روستایی که زیرک و دورنگر بودند، زمانی که هنوز بر حوزه‌های قلمرو خود تسلط داشتند، برای سوار شدن بر موج گسترش صنعتی، به شهرها نقل مکان کردند و پسران آنان یا دلال سهام شرکت‌ها شدند یا ناخدایان کشتی صنعت.

در آن عصر، شش اصل موج صنعت، زور را در انحصار دولت مرکزی[۹۲]

۹۱ A computer on every desk and in every home, ۱۹۸۰

۹۲ مراجعه شود به بخش ۴.۱.۶- تمرکز، صفحهٔ ۴۹

درآورد. اما ثروت، بین دولت‌ها و سرمایه‌داران پخش بوده و همواره باعث ایجاد کشمکش‌هایی بین آن‌ها می‌شد. جنگ‌ها و درگیری‌های آن دوران، بر سر نظام توزیع ثروت و برای ایجاد بازارهای مصرف جدید بود. جنگ اول جهانی، در حقیقت جنگ خونین شدیدی بر سرکنترل نظام اقتصادی جهانی بود و جنگ دوم برای ایجاد بازارهای مصرف جدید.

در موج سوم، «دانایی»، به عنصر غالب قدرت تبدیل گشته است. برای اولین بار در طول تاریخ بشر، مفاهیم «قدرت» و «سرمایه»، کاملاً بر یکدیگر منطبق گشته و یکی شده‌اند. امروزه، همه می‌خواهند بر کیفیت، کمیت و توزیع دانایی در قلمرو تحت سلطهٔ خود نظارت داشته باشند.

نه تنها دانایی در انحصار دولت مرکزی نیست، بلکه تقریبا به صورت متوازن در اختیار تمامی افراد جامعه می‌باشد. بنابراین، مجموع داناییِ مردم از واحدهای اقتصادی و دولت‌ها بیشتر گشته است. یعنی تأثیرگذاری و قدرت عمل مردم از شرکت‌ها و دولت‌های مرکزی بیشتر شده است. در نتیجه، اصلاً دور از انتظار نیست، اگر فرزند یکی از کارمندان یا کارگران شما، ظرف فقط چند سال، بخشی از دنیای صنعت یا تجارت را متحول ساخته و از شما پیشی بگیرد.

از سوی دیگر، به دلیل کندتر بودن روال تصمیم‌گیری ارگان‌های دولتی، نسبت به شرکت‌ها و بنگاه‌های اقتصادی،[۹۳] دولت‌ها، قدرت نظارت و کنترل مستقیم خود - یعنی کنترل مبتنی بر زور و ثروت - بر آن‌ها را از دست داده‌اند.

۹۳ به دلیل نظام دیوان‌سالاری ارگان‌های دولتی موج دومی در برابر سازمان‌های پویای موج سومی، مراجعه شود به بخش ۵.۴.۵.۸- شرکت‌های زنده و انعطاف پذیر، صفحهٔ ۹۰

۶.۹.۱- جابه‌جایی در قدرت در بعد کلان

در کشورهای صنعتیِ موج دومی که هویت ملی[94] در گرو به انحصار کشیدن قدرت، نزد دولت مرکزی است و لازمهٔ صنعتی شدن به شمار می‌رود، بسیاری از کشورهای فقیر یا در حال توسعه، با درماندگی می‌جنگند تا بتوانند با برگرداندن قدرت، حفظ و انحصار آن در دستان حکومت مرکزی، هویت ملی[94] خود را به دست آورده و حفظ نمایند.

اما درست در همین لحظات تاریخی، کشورهای غنی و فراصنعتی، برای تمرکززدایی، تضعیف نقش دولت ملی و انتقال هر چه بیشتر دانایی، مسؤلیت و تصمیم‌گیری، به شرکت‌ها و بنگاه‌های خصوصی از هم پیشی می‌گیرند. زیرا از یک سو دریافته‌اند که به دو دلیل، **اول،** حجم بیشتر دانایی مردم و شرکت‌ها نسبت به آن‌ها و **دوم،** چابک‌تر بودن شرکت‌ها در روال شناسایی چالش‌ها و تصمیم‌گیری‌ها،[92] برخی از مشکلات را نمی‌توان در سطح ملی حل نمود. از سوی دیگر، به رابطهٔ عکس میان «مدیریت متمرکز» و «توسعه و بهره‌وری» پی برده‌اند.

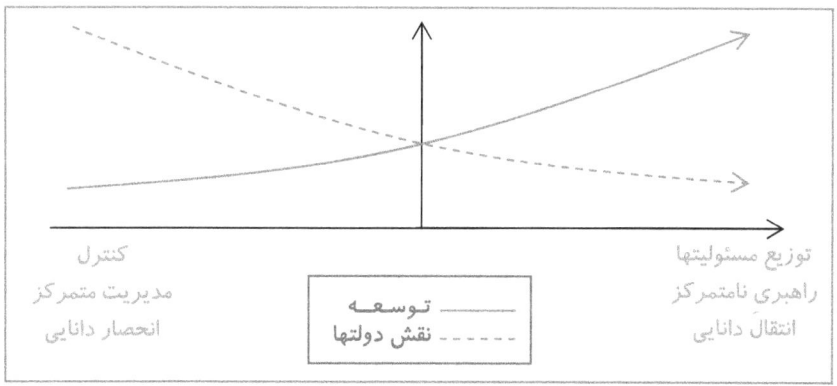

توزیع مسئولیت‌ها   کنترل
راهبری نامتمرکز   مدیریت متمرکز
انتقال دانایی   انحصار دانایی

——— توسعه
- - - - نقش دولت‌ها

شکل ۴: نمودار تأثیرِ جابه‌جایی قدرت در توسعه

---

۹۴ مجموعه‌ای از گرایش‌ها و نگرش‌ها نسبت به عوامل و عناصر و الگوهای هویت‌بخش و یکپارچه کننده در سطح یک کشور. منبع www.mortezamotahari.com

به عنوان مثال، پلیس+۱۰[۹۵] نمونهٔ بسیار واضحی از جابه‌جایی قدرت و انتقال آن از بالا به پایین می‌باشد. همچنین انجمن بین‌المللی معتادان گمنام[۹۶] و شیوهٔ برخورد با بحران داعش[۹۷] دو نمونهٔ مجزا از انتقال قدرت، از پایین به بالا یعنی از سطح ملی به سطح فراملی می‌باشند.

البته، کشورهای توسعه‌یافته، گاه با مظلوم‌نمایی و ابراز ضعف – ناشی از تمرکززدایی – سعی در فریفتن کشورهای درحال توسعه، برای حفظِ هویتِ ملیِ خود نموده تا بدین وسیله، باعث کندتر شدن روند توسعهٔ آن‌ها گردند.

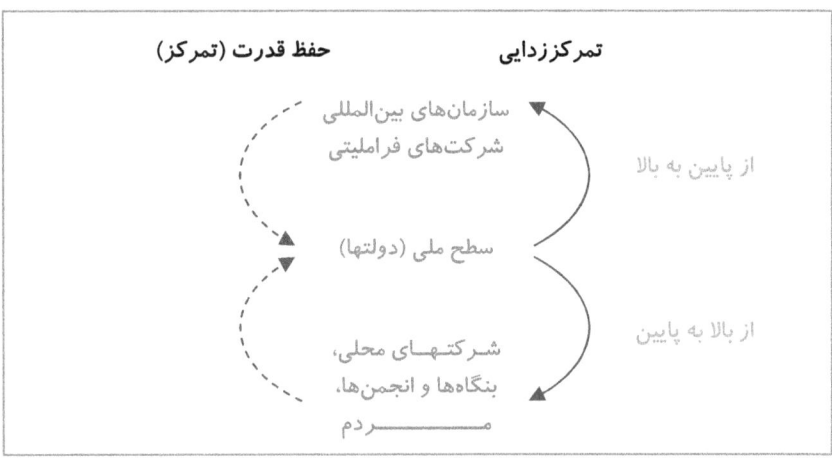

شکل ۵: نمودار جابه‌جایی در قدرت

۶.۹.۱.۱- نکتهٔ مهم: ظرفیت انتقال قدرت

در حقیقت، یکی از دلایل برخورد سلبی دولت‌هایی با نظام دیوان‌سالاری، با برخی از پدیده‌های جدید، مانند صنعت بازاریابی شبکه‌ای،[۹۸] همین مطلب است که این

۹۵ مراجعه شود به بخش ۵.۳.۳- تمرکززدایی، صفحهٔ ۷۱

۹۶ NA یک انجمن بین‌المللی غیرانتفایی، متشکل از معتادان در حال بهبودی که به طور مرتب گرد هم می‌آیند تا با کمک هم، پاکی خود را حفظ نمایند. منبع (۱۴ ص. معتادان_گمنام/)

۹۷ گروه تکفیری داعش.

۹۸ مراجعه شود به بخش ۶.۵- مفهوم تغییر و شتاب آن، صفحهٔ ۱۱۱

پدیده‌ها، ابزاری برای انتقال قدرت از بالا به پایین، یعنی از سطح دولت ملی به سطح مردم، می‌باشند. بنابراین **اول**، تنها دولت‌هایی که روند تمرکززدایی و خصوصی‌سازی را آغاز نموده‌اند، توانسته‌اند این پدیده‌ها را به جای خطری بالقوه – دید موج دومی – به صورت پتانسیلی برای رشد جامعه – دید موج سومی – دیده و به آن‌ها اجازهٔ رشد دهند. به عنوان نمونه، صنعت بازاریابی شبکه‌ای در ایران هشت سال پس از تأسیس و رشد دولت الکترونیک به رسمیت شناخته شد و اجازهٔ فعالیت گرفت.[۹۹] **دوم**، باید ظرفیت این انتقال قدرت وجود داشته باشد.

نکتهٔ مهم. این‌که مردم هر کشوری، باید به بلوغ کافی و ظرفیت لازم جهت انتقال قدرت از بالا به پایین رسیده و از آن سوء استفاده نکنند. به عنوان مثال، بازاریابان شبکه‌ای و لیدرهای تأثیرگذار، به هیچ عنوان نباید راجع به مسائلی خارج از حیطهٔ تخصص خود، صحبت یا اظهار نظر نموده یا پیشنهادی بدهند. به ویژه، راجع به مسائل سیاسی!

۶.۹.۲- مدیریت در مقابل راهبری

راهبری،[۱۰۰] یکی از پدیده‌هایی است که مستقیماً از نگرش موج سومی نسبت به مسئلهٔ قدرت به وجود آمده[۹۵] و در مقابل مدیریت مستبدّانهٔ موج دومی قرار گرفته است. هدف اصلی در شیوهٔ راهبری، این است که با ایجاد فضاهای بازِ کاری مبتنی بر روابط منطقی و برنامه‌های آموزشی، جایگاه و مسئولیت‌های هر

۹۹ پلیس+۱۰، از سال ۸۲ تأسیس گردید و اولین شرکت، مجوز خود برای فروش به صورت شبکه‌ای را در سال ۹۰ دریافت نمود.
منبع www.bazarekar.ir و www.networkmarketing.moc.gov.ir

۱۰۰ Leadership

فردی در چهارچوبهای کلی، مشخص و معلوم باشد و آن فرد بتواند، بسته به میزان دانش، تعهد و تلاش خود، اختیار تفکر و تصمیم‌گیری داشته باشد، حرکت و رشد نماید. افراد با استفاده از این روش، می‌توانند – با آموزش و تفکر – برای سازمان خود دانایی، یعنی در حقیقت، ثروت و ارزش افزوده تولید نمایند.

این شیوهٔ نوین مدیریتی به سازمان‌های کوچک و بزرگ حمله کرده و سازمان‌هایی که در مقابل آن مقاومت نمودند، متحمل ضررهای جبران ناپذیری شدند[۱۰۱] تا آن‌جا که گاه توسط رقبای خود حذف گشتند!

۶.۹.۳- جابه‌جایی قدرت در تجارت

در موج اول، قدرت در تجارت نقشی نداشت. در موج دوم، اطلاعات از یک سو، دست خرده فروشان بود و از سوی دیگر، دست مدیران اجرایی کارخانه‌ها که اطلاعات را در انحصار خود نگه می‌داشتند. بنابراین، می‌توان گفت که در موج دوم تولید کنندگان، خرده فروش‌ها را کنترل می‌نمودند.

از ۱۹۵۰ تا ۱۹۸۰، با قرارداشتن تولیدکنندگان غول‌آسا در رأس و عمده فروشان و خرده فروشان در کف، موازنهٔ قدرت، اساساً، بدون تغییر باقی ماند. تولید کنندگان به دلیل نداشتن رقیب و در دست داشتن کنترل اطلاعات، همچنان دارای قدرت بودند و میزان فروش را به فروشندگان دیکته می‌کردند. اما این روال، دوام چندانی نداشت.

امروزه، موازنهٔ قدرت، تغییر نموده است. زیرا، علاوه بر عرضهٔ هر کالا توسط چندین تولید کننده که باعث از بین رفتن انحصار تولید و توزیع کالاها

۱۰۱ در مصاحبه‌ای با یکی از مدیران ارشد سابق فروش "IBM" در خاورمیانه، وی مدیریت خشک این شرکت را دلیلی برای از دست دادن بخشی از بازار خود دانست.

گشته است، در سوپرمارکت‌ها - چه حقیقی و چه مجازی – قدرت، به خرده فروشانی انتقال پیدا کرده است که می‌توانند همهٔ اقلام خود را پیگیری و اطلاعات مربوط به آن‌ها را جمع‌آوری نمایند.

> بازاریابی شبکه‌ای، بهترین و کامل‌ترین روش برای پیگیری و جمع‌آوری داده‌های مشتری‌ها، پخش‌کننده‌ها و کالاهای مصرف شده، تبدیل آن به دانایی و تولید ارزش افزوده می‌باشد. زیرا با استفاده از هر روشی، غیر از بازاریابی شبکه‌ای، بخشی از این اطلاعات در دسترس نخواهد بود.

۶.۹.۴- روابط در سازمان‌ها

در موج اول، کارها و امور، توسط خانواده‌ها انجام می‌پذیرفت. در خانوده، هیچ شخصی، دیگری را فریب نداده یا دست نمی‌اندازد. همه دربارهٔ هم، بیش از حد اطلاعات داشته و استفاده از نفوذِ خود برای کمک به موفقیت فرزندان، طبیعی است. در هر خانواده، علاوه بر روابط آشکار فامیلی، معمولاً، روابط عاطفی نیز بر نظامِ توزیعِ امور، مسئولیت‌ها و در نهایت نتایج و دستمزدها تأثیرگذار می‌باشد.

در موج دوم، با پیدایش نظام دیوان‌سالاری، ظاهراً، ضوابط بر روابط حق تقدم پیدا نمود و این‌که افراد، چه می‌دانند، بسیار مهم و تعیین کنندهٔ پست و مقام گردید. بنابراین استفاده از روابط،[۱۰۲] پارتی‌بازی محسوب می‌شد.

اما در حقیقت، این‌که افراد چه کسی را می‌شناسند، اهمیت دارد. زیرا تعیین کنندهٔ این نکته است که آن‌ها به چه اطلاعاتی دسترسی دارند. بنابراین در

---

۱۰۲ منظور، هرگونه رابطه می‌باشد. از روابط فامیلی و دوستی گرفته تا انتخاب بر اساس سلیقهٔ فردی، هم دانشگاهی‌ها، هم محلی‌ها، روابط سفارشی، هم نژادها، خانم‌ها و آقایان و...

سازمان‌ها – به خصوص سازمان‌های متوسط و بزرگ – طی مرور زمان و بر اساس روابطِ بین افراد، یک یا چند چارت سازمانی ثانویه شکل می‌گیرد که قسمت اعظم درآمد و سود، متعلق به آن‌ها می‌باشد. به همین دلیل، رقابت‌های غیرسازنده و ناسالم، بین این گروه‌ها با یکدیگر و یا با اعضای دیگر سازمان شکل گرفته و مداوماً در جریان می‌باشد؛ تا جایی که در نهایت، باعث کاهش زیاد بهره‌وری آن سازمان می‌گردد. در این‌جا برای نمونه به دو عامل اشاره می‌کنیم:

اول، در خوشبینانه‌ترین حالت، اگر اعضای هر گروه فقط به درد و دل و بدگویی از افراد دیگر بپردازند، بخشی از زمانِ مفیدِ آن‌ها که باید صرف ایجاد بهره‌وری و ساختن نتیجه گردد، هدر می‌رود. البته، ضرر سازمان معمولاً به همین جا ختم نمی‌گردد.

دوم، جریان دانایی در سازمان، دستخوش تأثیرات این گروه‌بندی‌ها می‌گردد، به این معنی که به جای انتقال اطلاعات و گزارش‌ها از مجاری تعیین شده و طبق چارت سازمانی، حداقل بخشی از اطلاعاتِ حیاتی، طبق چارت‌های ثانویه جریان پیدا کرده و بنابراین، ابزاری در خدمت رقابت‌های ناسالم می‌گردد.

در سازمان‌های پویای موج سوم، طبق چهارچوب‌های تعیین شده، تیم‌ها، گروه‌ها و قسمت زیادی از چارت سازمان‌ها، دوباره بر اساس روابط شکل گرفته و بنابراین، سازمان را به حداکثر راندمان و بهره‌وری می‌رسانند.[۱۰۳]

> در بازاریابی شبکه‌ای، دستورِ کارِ ایجادِ سازمانِ فروش، بر اساس روابط سازنده و دوستانه بین افراد، جهت به حداکثر رساندن بهره‌وری می‌باشد.

۱۰۳ مراجعه شود به بخش ۵.۴.۵.۸- شرکت‌های زنده و انعطاف پذیر، صفحهٔ ۹۰

۶.۹.۵- پول، ابزار در مقابل هدف

جابه‌جایی قدرت در زندگی شخصی افراد نیز تأثیرات زیادی داشته است. به عنوان نمونه، باعث تغییر و ارتقاء ماهیت اهداف انسان‌ها گشته است.

در موج دوم که ثروت عنصر غالب قدرت بود، «پول»، به عنوان تأمین کنندهٔ قدرت، تبدیل به هدفی برای جامعهٔ موج دومی و همهٔ اعضای آن گردید و تبعات زیادی را به بار آورد.[۱۰۴]

سپس در دوران موج سوم که «دانایی»، جایگزین ثروت گردید، پول صرفاً، تبدیل به ابزاری جهت کسب قدرت – یعنی دانایی – گشت.

> در صنایع و تجارتهای موج سومی با «ثروت»، برخوردی ابزاری می‌گردد، درحالیکه تولیدِ ثروت، هدفِ غاییِ طرز تفکر و واحدهای موج دومی است.

اما نتیجه و تأثیر هر کدام از این نگرش‌ها به «پول» چیست؟

۶.۹.۵.۱- تأثیر تغییر ماهیت پول از هدف به ابزار

البته، این بحث بسیار گسترده و از حوصلهٔ این کتاب خارج است. اما در این‌جا، به یکی از مهم‌ترین تأثیرات این مطلب اشاره می‌نماییم.

افرادی که کسب «ثروت»، به عنوان هدفی برای آن‌ها تعریف شده است، غالباً، یا همهٔ عمر خود را فدای کسب ثروتِ بیشتر می‌نمایند – بدون توجه به این موضوع که ثروتِ بیشتر، هیچ فایده‌ای برای آن‌ها ندارد – یا این‌که پس از رسیدن به میزان مشخصی از ثروت و دارایی، فعالیت‌های اقتصادیِ خود را آهسته

۱۰۴ مراجعه شود به بخش ۴.۴.۴- زندگی بی‌روح ماشینی، صفحهٔ ۵۵

و یا متوقف نموده، گاهاً، دچار احساس افسردگی یا سرگشتگی شده و تبدیل به انسان‌هایی غیر مولد برای بقیهٔ عمر خود می‌گردند. زیرا «پول»، ماهیتی محدود دارد و بنابراین، چنین افرادی خیلی زود به انتهای راه هدف خود می‌رسند.

در مقابل، افرادی که به «پول و ثروت مادی»، نگاهی ابزاری دارند، غالباً همیشه در تلاش و فعالیت برای گسترش جریان دانایی بوده و انرژی درونی و اشتیاق به زندگی آن‌ها، روز به روز افزایش می‌یابد. زیرا به دلیل ماهیت نامحدود «دانایی» از یک طرف و ذات و طبع کمال‌جویانهٔ انسان از طرف دیگر، همیشه نسبت به کسب و انتقال دانایی‌های جدید، حریص‌تر گشته و در مسیری که انتهایی ندارد، پیشرفت می‌نمایند.

در بعد کلان، افراد گروه اول، فقط از منابع کشور و اجتماع به نفع گسترش منافع شخصی خود استفاده نموده، در حالی که گروه دوم، باعث افزایش منابع ثروت در کشور و جامعهٔ خود می‌گردند.

۶.۱۰- تبعات تغییر ماهیت سرمایه و قدرت

در عصر کشاورزی، دغدغهٔ مردم، سیر کردن شکم و از گرسنگی نمردن بود. در عصر صنعت، این نگرانی به داشتن امکانات اولیهٔ زندگی، مانند خانه و کاشانه و تحصیل نمودن تبدیل گشت. اما امروزه، نگرانی‌ها بیشتر حول مایحتاج ثانویه و عموماً لوکس، مانند محل و اندازهٔ خانه، نوع و برند لباس‌ها، تعداد مسافرت‌های تفریحی یا کیفیت و حجم غذاها می‌باشد.

در موج اول، تعداد طبقات جامعه مشخص بود، اختلاف بین آن‌ها بسیار زیاد بود و کسی نمی‌توانست به راحتی به طبقهٔ بالاتر برود. در موج دوم، تعداد

طبقات اجتماعی بیشتر، اما اختلاف بین آن‌ها کم‌تر گردید و مردم توانستند با کار و تلاش فراوان، کسب ثروت نموده و رشد کنند. امروزه، تعداد طبقات اجتماع، بسیار متنوع گشته است، اما سطح زندگی‌ها بسیار به یکدیگر نزدیک شده است. در یک شهر یا حتی در یک کشور، همهٔ مردم، تقریباً از امکانات یکسان و مشابهی بهره‌مند می‌باشند؛ چه از نظر تحصیلات و چه از نظر مسکن، پوشاک، امنیت، درآمد و کیفیت خوراک.

متأسفانه امروزه، کشورهای کم‌تر توسعه‌یافته، یعنی کشورهایی با درآمد ناخالص سرانهٔ ملی هزار تا دو هزار دلار در سال، بر تولید کالاهای انبوه تاکید دارند. حال آن‌که توسعه‌یافته‌ترین کشورها، صدور کالاهای ساخته شده در تعداد کم، سفارشی یا حتی تک تولیدی را که مبتنی بر مهارت زیاد و هزینه‌های پژوهش سنگین است، مورد توجه قرار داده‌اند.

۶.۱۰.۱- مفهوم باخت

می‌توان ادعا نمود که یکی از معانی باخت از دست دادن سرمایه می‌باشد. در موج اول باخت هم عرض با نیستی بود و به قیمت مرگ افراد تمام می‌شد. کسی بازنده محسوب می‌شد که یا از گرسنگی تلف شده بود یا توسط حیوانات وحشی یا دزدان و راهزنان کشته شده بود.

در موج دوم، مفهوم باخت یک پله ارتقاء پیدا نمود و از «مرگ» به «از دست دادن» تبدیل شد. کسی که بخشی از مال و دارایی خود را از دست می‌داد، بازنده محسوب می‌شد.

در موج سوم که «دانایی»، عنصر غالب سرمایه است و از دست دادنی نیست، مفهوم باخت، تبدیل به «به دست نیاوردن» گشته است. امروزه، کسانی بازنده محسوب شده یا احساس باخت می‌نمایند که نتوانسته‌اند در طول مدتی مشخص، مطابق میل و پیش‌بینی‌های خود یا مطابقِ متوسطِ استاندارد اجتماشان، سرمایه‌ای مشخص – دانایی یا ثروت – کسب نمایند.

۶.۱۰.۱.۱- احساس باخت و شکست

در دوران کشاورزی، اگر کسی می‌باخت، از بین رفته بود و مجالی برای احساس نمودنِ باخت خود پیدا نمی‌کرد!

در عصر صنعت، باخت، همراه با احساس‌هایی از قبیل احساس از دست دادن، احساس عدم امنیت، احساس مظلوم واقع شدن و احساس شکست بود. این احساس‌ها، بسیار ناخوشایند و بازدارنده هستند.

در عصر حاضر که باخت به معنی «به دست نیاوردن» می‌باشد، احساس‌هایی به مراتب بدتر و ناخوشایندتر از قبل را برای بشر به ارمغان آورده است. احساس‌هایی نظیر احساس عجز و ناتوانی، احساس خوب و لایق نبودن، احساس عقب ماندن و احساس به دست نیاوردن! این احساس‌ها، بسیار مخرب‌تر و بازدارنده‌تر، نسبت به احساس باخت در عصر صنعت می‌باشند.

۶.۱۰.۲- تعریف کار

در هر عصری، فعالیتی «کار» محسوب می‌گردد که رابطهٔ مستقیمی با مفاهیم غالب قدرت و سرمایه در آن دوره داشته باشد و در چهارچوب‌های آن تعاریف،

ارزش افزوده ایجاد نماید.

در موج اول، کشاورزی، دامپروری، جنگ‌آوری، "لرد"، "دوک" یا "سِر" بودن مشاغل اصلی محسوب می‌گشتند.[۱۰۵] تنها در فرانسه تا قرن هجدهم، کشاورزی همچنان کار مولد محسوب می‌شد و طبیعیون[۱۰۶] قادر به تصور و تجسم اقتصاد صنعتی نبودند.

در موج دوم، کار در کارخانه‌ها و واحدهای صنعتی، کارهای مدیریتی و برخی امور خدماتی مانند بانکداری، پست و حمل و نقل به تعریف کار اضافه شد. در آن دوران، اگر کسی تمام روز را مشغول به مکتوب کردن و جمع‌آوری آمار بازدید کنندگان یک فروشگاه، علایق یا حجم خرید آن‌ها بود، آدمی تنبل، علاف و بیکار محسوب می‌گردید.

بازاریابی یکی از مشاغلی بود که در اواخر این عصر، شروع به شکل گیری نمود.[۱۰۷]

در موج سوم، برای اولین بار، کار فکری به رسمیت شناخته شد. هر فعالیتی که به نحوی در ایجاد و به جریان انداختن دانایی مؤثر باشد، کار محسوب می‌گردد.[۱۰۸] از جمع‌آوری اطلاعات مشتری‌های یک فروشگاه، یک سامانهٔ مسافری یا حتی تعداد دفعات و قدرت وزش باد در هر منطقه گرفته تا تحلیل اخبار و نمودارها.

بسیاری از اموری که در عصرهای گذشته «کار» محسوب می‌شدند،

---

۱۰۵ Lord, Duke & Sir، القاب طبقهٔ اشراف در کشورهای مختلف در موج اول.
۱۰۶ Physiocrats، منبع (۵ ص. ۶۹)
۱۰۷ منبع (۱۴ ص. History_of_marketing/)
۱۰۸ برای توضیحات بیشتر مراجعه شود به (۹ ص. ۲۱، فصل اول)

امروزه، یا با تکنولوژی و روبات‌ها جایگزین شده‌اند یا به خاطر به وجود آمدن تکنولوژی‌های بالاتر، کلاً از دور خارج گردیده‌اند. به زبان ساده، دیگر نمی‌توان از شغل‌هایی مانند ارابه‌رانی، نعل‌بندی، حروف‌چینیِ دستی و کارهایی از این قبیل که تعدادشان نیز کم نیستند، درآمد کسب نمود. به همین ترتیب، به زودی، نظام کهنهٔ توزیع و خرده فروشی، از لیست شغل‌های پر درآمد، خارج خواهد گردید.

به عنوان نمونه، طی صحبتی با یکی از تاجرها و فروشنده‌های لوستر، ایشان از کمبود مشتری و کسادیِ بازارِ کارِ خود در مقایسه با رقیب‌ها که محصولاتشان را گران‌تر نیز می‌فروختند، ناراضی بود. به عنوان نمونه‌ای دیگر، کافی است تا سری به بازارِ قدیمِ آهنِ تهران، واقع در خیابان پانزده خردادِ بزنید تا دریابید که اغلب تجار قدیمی و بنام این بازار، دکان‌ها و مغازه‌های خود را تعطیل نموده‌اند یا این‌که فقط فعالیت اندکی دارند.

بازاریابی شبکه‌ای که چیزی نیست جز جمع‌آوری و انتقال اطلاعات، از تولید کننده به مصرف‌کننده و بالعکس، فعالیتی مدرن و کاملاً موج سومی می‌باشد. همان‌طور که یک لنز سیاه و سفید، توانایی دیدن و تمیز دادن رنگهای قرمز، آبی و سبز را ندارد، بسیار منطقی است که کسانی که با لنز موج دومیِ دوربین‌های خود، به این حرفه می‌نگرند، نتوانند نقش جریان دانایی و بنابراین ایجاد ثروت در این صنعت را رَصَد نموده و بنابراین، آن را کاری عبث، کاذب و غیر مفید برای اجتماع بدانند.[۲۴]

۶.۱۰.۲.۱- مسئلهٔ بیکاری

در موج اول، بیکاری، ناشی از تنبلی یا ضعف‌های اخلاقی افراد بود. در موج دوم،

عوامل نیرومندی، خارج از کنترل انسان‌ها، مانند توزیع نابرابر ثروت، رکود اقتصادی، سیاست‌های غلط یا نبود کار، باعث ایجاد بیکاری افراد می‌شد. دغدغهٔ شرکت‌ها در آن دوران، جابه‌جا نمودن افراد و مواد از این سو به آن سو بود.

شرکت‌های موج سومی، به مهارت‌هایی متنوع و دائماً در حال تکامل احتیاج دارند. بنابراین کارگران، کم‌تر می‌توانند جای یکدیگر را بگیرند.[۱۰۹] این واقعیت، کل مسئلهٔ بیکاری را وارونه می‌کند. به این معنی که به جای این‌که برای هر حرفه، تعداد زیادی متقاضی وجود داشته باشد، شغل‌هایی ایجاد شده‌اند که افراد مناسب برای انجام آن‌ها به سختی پیدا می‌شوند. از طرف دیگر، اشخاص و متخصص‌هایی نیز هستند که در بازار کار، موقعیت شغلیِ مناسب، مطابق با توانایی‌ها و تجربهٔ آن‌ها وجود ندارد. این افراد، علی‌رغم توانایی‌های زیاد یا باید تن به کارهای دیگری، گاه در سطحی پست‌تر داده یا امکان دارد که برای مدت زیادی خانه‌نشین گردند.

> این مسئله در دو جهت حائز اهمیت می‌باشد. اول این‌که نتورکرهای قدرتمندی که به دلایلی از جایگاه خود انصراف می‌دهند، ممکن است هرگز نتوانند شرکتی را با محصولات و استراتژی مناسب، جهت از سرگیری فعالیت خود پیدا نمایند.
>
> از طرف دیگر، اگر شرکت‌ها، لیدرهای کلیدی خود را از دست بدهند، ممکن است برای همیشه بخشی از پتانسیل فروش خود را به بازار ببازند یا دست کم روال فروش تساعدی آن‌ها کند گردد.

---

۱۰۹ مراجعه شود به بخش ۵.۴.۵.۳- کارمندان تعویض ناپذیر، صفحهٔ ۸۶

۶.۱۰.۲.۲- مبارزه با بیکاری

در عصر صنعت، تزریق سرمایه یا بالا بردنِ توانِ خریدِ مصرف‌کننده، می‌توانست محرک اقتصاد بوده و اشتغال ایجاد نماید. اما در اقتصاد جهان‌شمول امروزی، این عمل فقط سرمایهٔ کشور را روانهٔ جیب شرکت‌های فراملیتی و کشورهای خارجی می‌نماید. زیرا امروزه، مشکل بیکاری، یک مسئلهٔ کیفی است، نه کمی. به این معنی که صرفاً با افزایش تعداد مشاغل، نمی‌توان نرخ بیکاری را کاهش داد. زیرا افراد بیکار به دنبال مشاغلی متناسب با مهارت‌ها و علایق خود بوده و تن به هر کاری نخواهند داد. بنابراین امروزه، راه حلی که به جای «گردش دانایی» بر «گردش سرمایه» تمرکز دارد، این معضل را حل نخواهد نمود. در نتیجه، دولت‌ها باید به دنبال روش‌هایی برای تخصیص دانایی و به جریان انداختن آن باشند.

> یکی دیگر از مزایای بازاریابی شبکه‌ای، اتکاء بر «گردش دانایی» به جای توجه به میزان فروش شبکه – اتکاء بر سرمایه – است. این مسئله به خودی خود به معنی مبارزه با بیکاری در سطح اجتماع می‌باشد.

۶.۱۱- توسعه

در موج اول، توسعه در قالب کشورگشایی‌ها انجام می‌پذیرفت. در موج دوم، توسعهٔ صنعتی به همراه گسترش بازارهای مصرف صورت گرفت.

امروزه، تهدیدی که از سمت «دانایی»، متوجه قدرت مالی است، بسیار بیشتر از جریانات سیاسی داخلی یا استعماری خارجی می‌باشد. زیرا «دانایی»، نیاز به سرمایه در ازای هر واحد کالا را کاهش می‌دهد. یعنی با وجود گران‌تر شدن

مواد اولیه و نیروی کار، باز برای انجام کارها به سرمایهٔ کمتری نیاز می‌باشد. این بدان معنی است که امروزه، کشورهای فقیر یا در حال توسعه، می‌توانند با همان سرمایهٔ پنج یا ده سال قبل خود، وضعی به مراتب بهتر داشته باشند.

بنابراین، روش نوین توسعه و کسب قدرت اقتصادی، از بهره‌کشی از مواد خام و نیروی عضلهٔ انسانی میسّر نبوده و فقط در سایهٔ به کارگیری نیروی مغزها و جریان دانایی امکان‌پذیر خواهد بود. بنابراین، حساس‌ترین کمبودی که کشورهای کم‌توسعه یافته با آن مواجه هستند، کمبود همین دانایی مربوط به اقتصاد است. در نتیجه، استراتژی‌های توسعه، مفهومی نخواهد داشت؛ مگر آن‌که نقش جدید دانایی در تولید ثروت به طور کامل در نظر گرفته شود.

البته، روشن است که تا زمانی که این نقش دانایی مشخص نشده باشد، فرصت‌های آتی به طور دائم به هدر می‌روند. بنابراین، کشورها به شکل‌های انقلابیِ جدیدی در آموزش و پرورش نیاز دارند که بر مدل قدیمی کارخانه‌ای بنا نشده باشد. همچنین، کسب دانایی و جریان آن از طریق و منابع دیگر نیز لازم خواهد بود. این امر ممکن است، شکل‌هایی نامرسوم یا حتی خلاف مقررات به خود گیرد.

یکی از دلایل شیوع بی‌رویهٔ بازاریابی شبکه‌ای و کلاه‌برداری‌های هرمی در خاور میانه، پاسخ به عطش جریان دانایی می‌باشد.

۶.۱۲- خلاصهٔ مطالب فصل

تعاریف و مفاهیم، در هر دوره عوض شده‌اند. تنها با مشتق گرفتن از تغییرات و توجه به گسستگی‌های آن‌ها است که می‌توان به دلایل اصلی برخی وقایع پی

برده و مسیر آینده را به روشنی ترسیم نمود.

مشاهده می‌گردد که صنعت بازایابی شبکه‌ای، تطابق زیبایی با مطالب عنوان شده در ستون عصر الکترونیک دارد:

	عصر کشاورزی	عصر صنعت	عصر الکترونیک
مدت	ده هزار سال	سی‌صد سال	حدود پنجاه سال –
انرژی	هیزم، باد و آب و فضولات حیوان‌ها	فسیلی مانند نفت و گاز	خورشیدی، باد و آب
طبیعت	زندگی همزیستی	غارت و چپاول	زندگی در هماهنگی
زمان	دایره‌وار	خط مستقیم	ناپیوسته
جهان‌بینی	اسطوره‌ها	علت و معلولی	برخورد سیستمی
شخصیت	عضوی از طبیعت	فردگرایی	فرد عضوی از جامعه
آموزش	محدود و انحصاری	هم‌سان، برای کار در کارخانه	بستر تولید سرمایه و قدرت
خلاقیت	وجود نداشت	منع و دارای مجازات	تقدیر و تشویق
صنایع	کشاورزی و دام‌پروری	فولاد، ماشین‌سازی و شیمیایی	الکترونیک، کامپیوتر، هوا و فضا و ژنتیک
مرزها	حدودی	مشخص و بسته	مشخص و باز
خانواده	پر جمعیت و مقتدر	هسته‌ای	اشکال مختلف و مقتدر
فرزندان	همراه خانواده	جدا از خانواده	همراه خانواده
پیشرفت	اهمیتی نداشت	توسعهٔ اقتصادی	توسعهٔ فرهنگی
موفقیت	اهمیتی نداشت	توسعهٔ اقتصادی	استفاده از پتانسیل‌های بومی، فرهنگی و جغرافیایی
تولید	تکی، برای مصرف شخصی	انبوه برای عرضه در بازار	سفارشی برای مصرف شخصی و عرضه در بازار
غارت	دله دزدی	خرید مواد اولیه به ثمن بخس	ایجاد جریان ناعادلانه و یک طرفهٔ منافع به سمت استعمارگران

	عصر کشاورزی	عصر صنعت	عصر الکترونیک
استثمار	برده داری	استعمار مستعمرات	فرهنگ سازی مصرف‌گرا
مبارزه با استثمار	نظامی	نظامی	فرهنگ سازی برای تولید و مصرف محصولات محلی
تغییر	وجود نداشت	کند، قابل شناسایی و فرصت کافی برای تصمیم‌گیری	سریع، غیر قابل شناسایی، کمبود زمان برای تصمیم‌گیری و واکنش
اطلاعات	محدود و از بین رفتنی	نامحدود با عمر زیاد دسترسی سخت محدودیت در انتقال	نامحدود با عمر کوتاه دسترسی سریع عدم محدودیت در انتقال
ارتباطات	هم‌زمان	هم‌زمان یک طرفه محدود	غیر هم‌زمان دو طرفه نامحدود
سرمایه	زمین و دام	دارایی‌های صنعتی	دانایی
ابزار	تقویت نیروی عضله بیل، کلنگ، گاوآهن و ...	جایگزین شدن عضله تولید ابزار	تقویت نیروی مغز کامپیوتر
قدرت	زور یا خشونت متمرکز تأثیر لحظه‌ای	ثروت یا پول متمرکز تأثیر کوتاه مدت	دانایی غیر متمرکز تأثیر بلند مدت
زور	در خدمت زورمندان	در انحصار دولت مرکزی	در انحصار دولت مرکزی
ثروت	در انحصار زورمندان	در اختیار صاحبان صنایع	منتج از دانایی
دانایی	اهمیتی نداشت	در اختیار صاحبان صنایع	در اخیار عموم مردم
قدرت در تجارت	نقشی نداشت	در انحصار تولید کنندگان	در انحصار فروشندگان
چارت سازمانی	بر اساس روابط	بر اساس ضوابط	بر اساس روابط در چهارچوب ظوابط
نقش پول در زندگی	نقشی نداشت	به عنوان هدف	به عنوان وسیله
مدیریت	ریش سفیدی	مدیریت متمرکز	راهبری

	عصر کشاورزی	عصر صنعت	عصر الکترونیک
دغدغه‌ها	سیر کردن شکم	خانه و کار بهتر	مایحتاج ثانویه و لوکس
باخت	مرگ تلخ	از دست دادن ناخوشایند	به دست نیاوردن بسیار ناخوشایند
کار	کشاورزی و دامداری	کارگری و کار یدی	کارمندی و شغل آزاد
بیکاری	تنبلی یا ضعف اخلاقی	عوامل خارجی	نبودن شغلی متناسب
مبارزه با بیکاری		تزریق سرمایه	تزریق دانایی
تجارت	در حاشیه و بی‌اهمیت خرید و فروش کالا	خرید و فروش کالا و برخی خدمات ابتدایی	خرید و فروش و خدمات مربوط به کالا و دانایی
توسعه	کشور گشایی	صنعتی	دانایی مربوط به اقتصاد

شکل ۶: جدول مقایسۀ سریع سه دورۀ تمدن

۷- بازار

اکنون، می‌توان نتیجهٔ عملی چهارچوب‌های ذهنی موج سومی را در روال شکل‌گیری بازارهای آینده مشاهده نمود. در این فصل، قوانین نوین کسب ثروت بررسی می‌گردند.

همان‌طور که گفته شد، بازار، یک شبکهٔ مبادلاتی یا صفحهٔ تقسیم است که از طریق آن کالاها و خدمات نظیر پیام‌ها به مقاصد مورد نظر ارسال می‌شوند.[۱۱۰] به دلیل تغییر تعاریف و تغییر شکل و توزیع مجدد قدرت،[۱۱۱] بازار نیز در هر دورهٔ تمدن از قوانین متفاوتی تبعیت نموده است.

۷.۱- بازار موج دومی

زمین، ثروتِ مادی و صنعت، از جنس سرمایه‌های موج اول و دوم می‌باشند و ماهیتی محدود دارند.[۱۱۲] بنابراین در بازارهای موج اولی و دومی مردم برای به دست آوردن سرمایه، مجبور به رقابت با یکدیگرند. در نتیجه، یک روال الاکلنگی بر این بازارها حاکم می‌باشد. الاکلنگی، یعنی اگر خریدار گران‌تر بخرد، سرمایه‌اش کم‌تر شده و اگر ارزانتر بخرد، پول کم‌تری پرداخته و سرمایهٔ

---

۱۱۰ مراجعه شود به بخش ۴.۴.۲- بازار، صفحهٔ ۵۳
۱۱۱ مراجعه شود به بخش ۶.۹- قدرت، صفحهٔ ۱۲۵
۱۱۲ مراجعه شود به بخش ۶.۷- ثروت و سرمایه، صفحهٔ ۱۲۱

بیشتری دارد. بنابراین، این اتفاق هرگز نخواهد افتاد که خریدار گران‌تر بخرد، سرمایه‌اش افزایش بیشتری پیدا کند و بیشتر سود نماید. هیچ معامله‌ای انجام نخواهد شد که سود هر دو طرف هم‌زمان بالا یا پایین برود. یعنی بتوان به نحوی معامله انجام داد که اگر خریدار بیشتر سود نمود، فروشنده نیز بیشتر سود کند یا اگر خریدار، کم‌تر سود نمود، فروشنده نیز کم‌تر سود کند.

به عنوان مثال، شخصی را در نظر بگیرید که قصد دارد یک گرم طلا بخرد که قیمت واقعی آن ۱,۰۰۰ تومان است. اگر آن را ۱,۱۰۰ تومان بخرد، در معامله، بازنده شده است. زیرا طلا را ۱۰۰ تومان گران‌تر خریده است و فروشنده، پیروز این معامله می‌باشد زیرا ۱۰۰ تومان بیشتر سود کرده است.

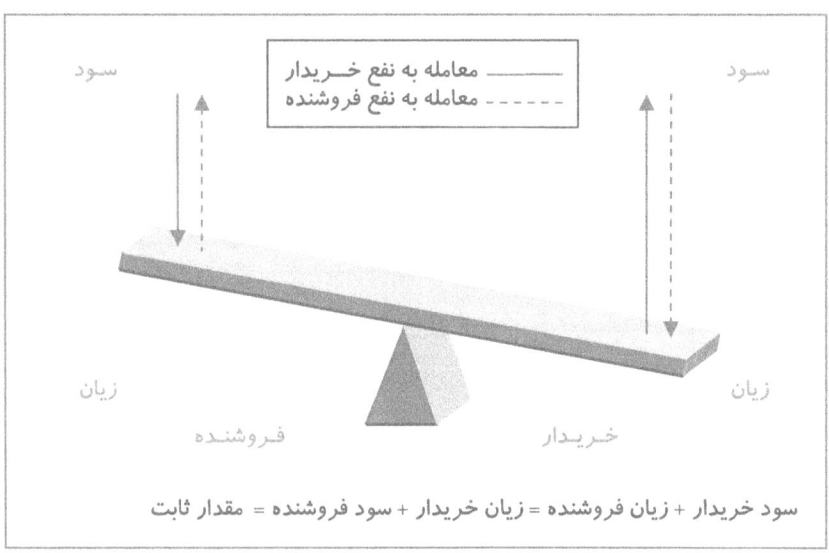

شکل ۷: قاعدهٔ الاکلنگی بازار موج دومی

۷.۱.۱- قاعدهٔ برنده-بازنده

در اینجا، نکتهٔ مهم این است که همیشه، مجموع سطح دارایی و سرمایهٔ خریدار و فروشنده ثابت می‌ماند. به زبان ساده، آن ۱۰۰ تومان یا در جیب خریدار

می‌رود یا در جیب فروشنده. بنابراین قاعدهٔ بازی بازار موج اول و دوم، بازی برنده-بازنده است، مانند بازی فوتبال که هیچ‌گاه دو برنده یا دو بازنده نخواهد داشت و کسی که گُل بیشتری بزند، بردهٔ بازی است.

به عنوان مثال، بازار بورس[۱۱۳] که یکی از مدرن‌ترین بازارهاست، از همین قاعده پیروی می‌نماید. در این بازار، اگر شما قصد خرید سهام شرکتی را داشته باشید، هرگز به فروشنده نخواهید گفت که به چه دلایلی احتمال افزایش قیمت آن سهام وجود دارد که مایل به خرید آن سهام هستید و فروشنده نیز به شما نخواهد گفت در نظرِ وی، به چه دلایلی احتمال سقوط قیمت آن سهام وجود دارد و بنابراین مایل به فروش سهامش می‌باشد. شما اطلاعات خودتان را برای خودتان نگه می‌دارید و فروشنده نیز اطلاعاتش را برای خودش. معامله، انجام می‌گردد. حال یا آن سهام ارزان می‌شود و شما ضرر می‌کنید و فروشنده سود، یا آن سهام گران می‌شود و شما سود می‌کنید و فروشنده ضرر می‌نماید – یعنی بخشی از سودش را از دست می‌دهد – در هر دو صورت، مجموع میزان سود و ضررِ دو طرف معامله ثابت است. این اتفاق نخواهد افتاد که شما و فروشنده، هر دو با هم سود نمایید یا هر دو با هم ضرر کنید.

در حقیقت، در موج صنعت، رسم پول درآودن این‌گونه است که هر شخصی باید همهٔ دانایی[۱۱۴] خودش را برای خود نگه دارد تا بتواند از طریق آن پول بسازد. برای مثال، اگر شخصی تعمیرکار قطعات الکترونیکی باشد و یاد بگیرد که چطور می‌توان یک موبایل را تعمیر نمود، این مهارت را به دوست یا مغازهٔ مجاور خود آموزش نمی‌دهد. زیرا با این کار، برای خود رقیبی خواهد

۱۱۳ Stock Exchange، بازاری که در آن مواد خام و سهام شرکت‌ها قیمت‌گذاری، عرضه و معامله می‌گردد.

۱۱۴ دانش، تجربه و مهارت. مراجعه شود به بخش ۲.۲.۳- عنصر دانایی یا مغز، صفحهٔ ۳۴

ساخت. یا اگر کار وی خرید و فروش در بازار ماشین باشد، اطلاعات خود را به شخص دیگری منتقل نمی‌کند. زیرا با انتقال اطلاعات در حقیقت تمامی یا بخشی از سود خود را از دست خواهد داد.

۷.۱.۲- تفریق. اپراتور تجارت در بازار موج دومی

حال، می‌خواهیم کمی عمیق‌تر این مسئله را بررسی نماییم. بنابراین بر می‌گردیم به مثال خرید و فروش سهام. در آن معامله، کسی برندهٔ معامله است که اطلاعاتِ صحیحِ بیشتری – داناییِ بیشتری – داشته باشد. اگر قیمت سهام، پس از انجامِ معامله افت کند، به این معنی است که فروشنده دانایی بیشتری داشته است. یعنی اگر شما ۱۲ واحد دانایی داشته باشید، فروشنده ۱۴ واحد دانایی داشته و بنابراین به دلیل داشتن ۲ واحد دانایی بیشتر، سود نموده است – منظور از سودِ فروشنده، از دست ندادن سرمایه است – در این‌جا نکتهٔ مهم، میزان سود فروشنده است که تنها به اندازهٔ آن ۲ واحد دانایی بیشتر می‌باشد.

شکل ۸: تفریق، اپراتور تجارت موج دومی

در حقیقت اپراتور میزان سود و تجارت در عصر صنعت **علامت منفی** است. من ۲۰ واحد دانایی دارم و شما ۲۵ واحد. با همدیگر وارد معامله می‌شویم و شما بابت آن ۵ واحد دانایی بیشتر و فقط به اندازهٔ همان ۵ واحد سود می‌کنید. مثلاً من می‌دانم که شب عید ماشین گران می‌شود و شما نیز می‌دانید که شب عید ماشین گران می‌شود اما امسال بخاطر آغاز پیش خرید ماشین قبل از عید، ماشین ارزان خواهد شد. شما ۵ واحد بیشتر دانایی دارید. من ماشین می‌خرم و شما می‌فروشید، من ضرر می‌کنم و شما سود می‌کنید – یعنی ضرر نمی کنید - هرگز شما به من یا هیچ مشتری دیگری نخواهید گفت:

- *ببین دوست من حالا که داری این ماشین رو می خری بدون که قراره ارزون بشه*

زیرا در این صورت نه من و نه مشتری‌های دیگر ماشین را نخواهیم خرید.

۷.۱.۳- تأثیر بر اجتماع

بنابراین، متأسفانه، روال کسب درآمد و سود در بازار امروز این است که هر کسی موظف است، دانایی را برای خود نگه دارد تا بتواند پول بسازد. به همین دلیل، سطح دانایی بازار همیشه ثابت است و بنابراین هیچ رشدی در سطح عمومی دانایی جامعهٔ موج دومی صورت نمی‌گیرد. شخصی که می‌خواهد وارد بازار کار گردد، یا به عنوان یک شاگرد با صفر واحد اطلاعات وارد بازار می‌شود یا به عنوان کارمند یا کارگر استخدام می‌گردد. اوستا و صاحب‌کار وی، چیزی به او یاد نمی‌دهد یا بهتر است بگوییم چیز زیادی به او یاد نخواهد داد. او موظف به کسب دانش و مهارت از طریق تجربه کردن است. یادمان باشد که روال بازار الاکلنگی است و هر چه اطلاعات شاگرد کم‌تر باشد و به قول معروف فوت‌های کوزه‌گری را دیرتر یاد بگیرد، مجبور به خدمت بیشتر به صاحب‌کارش می‌باشد. استدلال و

افتخار اوستا، صاحب‌کار یا حتی یک پدر موج دومی این‌گونه است که:

- *من خودم زحمت کشیدم، از صفر شروع کردم، یاد گرفتم، به دست آوردم و ثروتمند شدم. تو هم خودت زحمت بکش، تجربه کسب کن و اگر عرضه داری یاد بگیر و پول درار.*

شاگردی که کار خودش را از صفر شروع می‌کند، سالی ۲۰ واحد دانایی کسب نموده و بعد از ۵۰ سال ۱,۰۰۰ واحد دانایی به دست می‌آورد. حالا، کسب و کار خودش را داشته و فردی موفق محسوب می‌گردد. اکنون، شاگرد می‌گیرد، اما او نیز کلامی به شاگردش یاد نمی‌دهد. زیرا شاگرد جدید، باید از آب و جارو کردن شروع نموده و خودش تجربه، مهارت و دانش، یعنی دانایی کسب نماید.

۷.۱.۴- جامعهٔ ایستای موج دومی

یکی از شاخص‌های تشخیص فرهنگ موج دومی، همین مسئله است که در خانواده یا جامعهٔ موج دومی، همه از صفر شروع نموده و بنابراین، کم‌ترین کمک را به رشد زیردستان خود می‌نمایند تا سنت را حفظ نمایند. متأسفانه این موضوع جزء افتخارات افراد موفق در تمدن صنعتی محسوب می‌گردد.

افرادی که طبق فرهنگ صنعتی پروش یافته‌اند، دانایی خود را به نسل بعدی منتقل نمی‌کنند. البته تقصیری متوجه کسی نیست. زیرا فرهنگ موج دومی این‌گونه می‌باشد، اپراتور موج صنعت منفی است و روالش الاکلنگی و برنده-بازنده می‌باشد. به همین دلیل همیشه، سطح دانایی بازار و جامعه، یک سطح ثابت باقی می‌ماند و آدم‌های آن تقریبا در همان سطح دانش، سواد و فرهنگی هستند که در چند ده سال قبل بودند.

در حقیقت، مدل موج دومی بازار، به دلیل محدودیت ماهیت سرمایهٔ

موج دومی و روال الاکلنگی و برنده-بازندهٔ معاملات، تبعات منفی زیادی[115] در جامعه ایجاد نمود. به عنوان یک نمونهٔ کوچک، می‌توان به کودکانی اشاره کرد که در روند رشد و تعلیم و تربیت خود، قربانی جهل والدین‌شان گشته و از همان سنین نوجوانی، به عارضه‌های روحی همچون افسردگی، ضعف شخصیتی، عدم اعتماد به نفس یا از دست دادن توانایی ایجاد ارتباط دچار گشته‌اند.

فقط تصور کنید که تا چه میزان سطح عمومی آگاهی و توانایی جامعه بالا می‌رفت، اگر دانایی‌ها از بین نمی‌رفتند و به نسل بعد منتقل می‌شدند. اما، آیا این امکان وجود دارد که این محدودیت‌ها برداشته شوند؟

۷.۲- بازار موج سومی

سؤال‌هایی مطرح است که چرا، روال برنده-بازنده است؟ چگونه می‌توان یک روال برنده-برنده ایجاد نمود؟ چرا سطح مجموع سرمایه، ثابت است و سطح آگاهی عمومی در هر صنفی بالا نمی‌رود یا بسیار کند رشد می‌کند؟ چطور می‌توان باعث افزایش مجموع سرمایه و افزایش سطح آگاهی عمومی شد؟ چرا اپراتور تجارت منفی است؟ راه حل چیست؟

برای بررسی و پاسخ به سؤالات فوق، باید کمی عمیق‌تر به مسئله نگاه کنیم و المان‌های بیشتری را بررسی نماییم.

۷.۲.۱- دهکدهٔ جهانی، واحد اقتصادی موج سومی

در داخل هر واحد اقتصادی، افراد به همدیگر کمک می‌کنند، اما در مواجهه با

---

۱۱۵ مراجعه شود به بخش ۴.۴.۴- زندگی بی‌روح ماشینی، صفحهٔ ۵۵

واحدهای اقتصادی دیگر، همیشه مسئلهٔ سود و زیان مطرح می‌شود. در یک خانوادهٔ موج اولی که همه کنار یکدیگر تلاش می‌کنند، برای کسی فرقی نمی‌کند که چه کسی بیشتر سود کند. پدر، عموها و برادرها با همدیگر کار می‌کنند و به یکدیگر کمک می‌نمایند. در یک شرکت موج دومی نیز، معمولاً هیچ کدام از شرکاء در این فکر نیستند که چگونه می‌توانند از شریک‌هایشان سود بیشتری داشته باشند. همه با هم در این فکر هستند که چگونه همراه همدیگر سود بیشتری بسازند. اما بین دو واحد اقتصادی، قوانین و شرایط زیادی حاکم است. مثلاً بین دو شرکت، قوانین، مالیات‌ها و استانداردهای مختلف وجود دارد که همه برای حفظ منافع شرکت در مقابل واحدهای اقتصادی دیگر وضع شده‌اند.

بنابراین، برای رفع محدویت‌های حاکم بر بازار موج دومی، اولین کاری که باید انجام شود، تأمیمِ قوانینِ داخلیِ یک واحد اقتصادی، در کل جامعه است. به اصطلاح می‌توان چنین گفت که مرزهای واحد اقتصادی تا آن‌جا که ممکن است تأمیم پیدا نموده و یک واحد اقتصادی واحد به اسم دهکدهٔ جهانی ایجاد گردید.

۷.۲.۲- قاعدهٔ برنده-برنده

مسئلهٔ دیگر، انجام معامله به صورت برنده-برنده است. یعنی چطور می‌توان معاملاتی طراحی نمود که همهٔ طرفین معامله به حداکثر سود دست‌یابند. برای رسیدن به این هدف، **اول**. نباید محدودیتی در ماهیت سرمایه وجود داشته باشد و **دوم**. سرمایه با انتقال از بین نرود. خوش‌بختانه جواب این سؤال در مفاهیم موج سوم نهفته است. «دانایی» که عنصر غالب سرمایه در عصر الکترونیک می‌باشد، این خصوصیات را دارا می‌باشد.

تجارت‌های موج دومی، مانند بازی‌هایی با توپ هستند. شاید از نظر

ظاهری با همدیگر متفاوت باشند، اما همه، تابع یک قانون برنده-بازنده می‌باشند. می‌توان خار و بار فروشی را به تنیس، فروش لوازم صوتی را به بدمینتون و غیره تشبیه نمود. همه به نوعی درگیر این توپ برد و باخت و سود بیشتر، سود کم‌تر هستند. آیا واقعا کسی هست که بتواند ادعا کند که:

- *نه! من واقعا با این توپ درگیر نیستم و هر چه من بیشتر سود کنم، مشتری من نیز بیشتر سود می‌کند!*

حالا بازی برنده-برنده را بررسی می‌کنیم. زمانی که مفهوم رقابت به عنوان برد-باخت حذف شود، بازی ساده‌تر و دوستانه‌تر می‌گردد. به این معنی که فقط یک تیم وارد زمین بازی شده و برنده از زمین خارج می‌شود. در این حالت، مدل بازی متفاوت خواهد بود. مانند پیاده‌روی گروهی یا کوه رفتنِ دسته جمعی. با این تعریف، مفاهیمی مانند رقابت و باخت، جای خود را به همکاری و کمک و می‌دهند.[۱۱۶]

از نظر روان‌شناسی نیز، هیجانات و احساساتی که در دو مدل بازی برنده-بازنده و برنده-برنده تجربه می‌گردند - مانند میزان مثبت یا منفی بودن آن‌ها، خوب یا بد بودن آن‌ها، خوشایند و ناخوشایند بودن یا سازنده و بازدارنده بودن‌شان – کاملاً متفاوت می‌باشند.

اگر بتوان دو نفر را بر سر میز معامله نشاند و آن‌ها به همدیگر کمک کنند تا هر دو طرف، سود بیشتری نمایند، همه به هدف خود رسیده‌اند. به عنوان مثال، شما راجع به موضوعی ۱۰ واحد اطلاع دارید و من نیز ۸ واحد. با یکدیگر تبادل دانایی می‌نماییم. من ۱۰ واحد اطلاعات جدید به دست آوردم و شما نیز ۸ واحد. الان هر کدام از ما به تنهایی حداقل ۱۸ واحد اطلاعات داریم. نکتهٔ زیبا

۱۱۶ برای توضیحات بیشتر مراجعه شود به (۱۲ ص. ۱۱۹، عادت ۴، برنده برنده بیندیشید)

این‌جاست که چون در جریان تبادل دانایی، تحلیل و بررسی‌هایی انجام می‌شود و هر دو طرف با کسب اطلاعات جدید به نتایج جدیدی می‌رسیم، چند واحد دانایی جدید نیز به عنوان ارزش افزودهٔ این تبادل دانایی تولید می‌گردد.

۷.۲.۳- جمع، اپراتور تجارت در بازار موج سومی

به یاد داشته باشیم که دانایی با منتقل شدن از بین نمی‌رود و قدرتِ عنصرِ دانایی در انتقال، پخش و پراکنده شدن آن است.[۱۱۲] بنابراین، طبق مثال فوق شاخص سود در عصر الکترونیک **مثبت** است. دو یا چند نفر با میزان مشخصی دانایی با یکدیگر وارد معامله شده و دانایی را به همدیگر منتقل می‌کنند و در انتها چندین واحد بیشتر از مجموع دانایی منتقل شده، دانایی کسب کرده‌اند. تنها از این روش است که می‌توان معاملات برنده-برنده انجام داد. زیرا فقط از این روش همهٔ طرفین برنده و موفق خواهند بود.

شکل ۹: جمع، اپراتور تجارت موج سومی

۷.۲.۴- تعریف مجدد بازار

مفهوم بازار به شکل موج دومی، رفته‌رفته رو به زوال می‌باشد. زیرا **اول.** دیگر لزومی ندارد برای تهیه مایحتاج به بازار رفت، بلکه به کمک تکنولوژی موج سوم، می‌توان همه چیز را سفارش داد. **دوم.** بازار رفته‌رفته از حالت الاکلنگی خارج می‌شود. در معاملات جدید، زمانی سرمایهٔ شما بالا می‌رود که سرمایهٔ طرف معاملهٔ شما نیز افزایش یابد و بالعکس. به زبان دیگر، بالاتر رفتن هر فرد در گرو بالا رفتن افراد دیگر است. به این معنی که یک نفر هر چه بتواند با افراد و دوستان بیشتری تبادل دانایی نموده و آن‌ها را بالا بکشد، سرمایه‌دارتر، موفق‌تر و برنده‌تر خواهد بود.

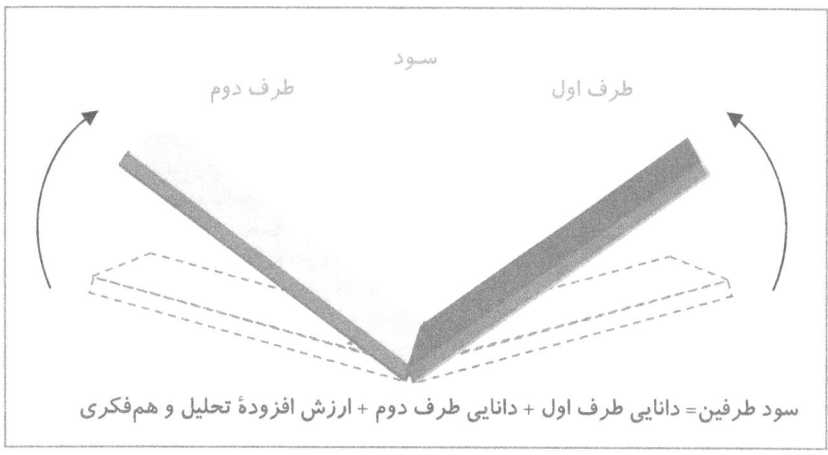

شکل ۱۰: قاعدهٔ هم‌افزایی معاملات موج سومی

امروزه، بازار به خودی خود و خارج از بحث سرمایهٔ در گردش آن، تبدیل به شبکه‌ای، برای تبادل اطلاعات گشته است و ارزش معاملات به آن‌چه طرفین می‌دانند، بستگی دارد؛ نه به این‌که آن‌ها چه جایگاه و مقامی دارند یا این‌که چقدر پول و سرمایه دارند.

۷.۲.۴.۱- تیم‌های نامحدود، سود نامحدود

در گذشته، به دلیل محدود بودن ماهیت سرمایه، ذهن انسان‌ها نیز محدود بود. هر چند عدهٔ زیادی با سر دادن شعارهای زیبا و رفتارهای نمایشی، ذهن خود را مملو از فراوانی جلوه داده و روش‌هایی برای تولید و گسترش فراوانی پیشنهاد می‌دادند، اما تقریباً، تمامی این افراد در زمینهٔ کار و تجارت خود دارای ذهنی بسته و محدود و نگرشی برنده-بازنده بودند. کار انفرادیِ این افراد و در کل، شکل نگرفتن کار تیمی یا تشکیل گروه‌های کوچک کاری، همه و همه، نشانی از ذهنیت‌های محدود موج دومی است.

اما امروزه به دلیل نامحدود بودن مفهوم سرمایه، تجارت‌ها از حالت تعداد محدودی بازیکن با ذهنیت برنده-بازنده خارج گشته و تبدیل به یک کار گروهی و جمعی شده‌اند. امروزه، افراد موفق کسانی هستند که همه با هم به یک سمت مشخص می‌روند، دانایی خود را به اشتراک می‌گذارند و به همدیگر کمک می‌کنند. همانند آن‌که همه همراه هم، به سمت مقصدی مشخص، شنا یا پرواز کنند. در این حالت، هر چه تعداد افراد بیشتر و تیم بزرگ‌تر باشد، طی کردن مسیر، آسان‌تر و سریع‌تر بوده، لذت بیشتری داشته و دانایی و سود بیشتری تولید خواهد شد.

> یکی از چالش‌های لیدرها، جا انداختن همین نگرش برای فروشنده‌های جدید می‌باشد که البته روش‌های متفاوتی برای آن وجود دارد.
>
> معمولاً، انقلاب درونی فروشنده‌های جدید و برق چشمانشان از زمانی آغاز می‌گردد که شروع به درک این پتانسیل عظیم درآمدزایی می‌نمایند.

۷.۲.۴.۲- درصد بالای سودها در موج سوم

در موج دوم، که اپراتور تجارت **منفی** است، جای تعجبی ندارد که سود بانکی – در کشورهایی با نرخ تورم نرمال – نهایتاً به شش درصد برسد. همچنین، اگر سود حاصل از خریدِ سهامِ کارخانه‌جات و شرکت‌های سرمایه‌گذاری به سی درصد برسد، سودی شیرین و قابل توجه خواهد بود.

اما در تجارت‌های موج سومی که اپراتور تجارت، **مثبت** است، به دلیل حرکت‌های تیمی و ارزش افزودهٔ تولید شده از هم‌افزایی دانایی، این سود می‌تواند به صدها و گاهی هزاران درصد برسد. می‌توان شرکت "آپِل"[۴۸] را مثال زد که تنها طی چند سال، با ایجاد یک شبکهٔ خرده فروشی مدرن و موج سومی با فروشی معادل ۱۷۰ میلیارد دلار، به شرکتی ۵۱۰ میلیارد دلاری – یعنی چندین برابر شرکت مایکروسافت، رقیب دیرینهٔ خود – تبدیل گردد.[۱۱۷]

۷.۲.۵- باخت موج سومی

اگر وارد یک بازی برنده-برنده شویم، در بدترین حالت چه اتفاقی خواهد افتاد؟ در بدترین حالت، هنوز همهٔ آن چیزی را که داشتیم داریم. اما دانایی جدیدی به دست نیاورده و سودی نخواهیم نمود. به همین دلیل، باخت در تجارت موج سوم به معنی «به دست نیاوردن» است.

به عنوان مثال، زمانی که یک گروه، همراه هم به کوه می‌روند، بدترین حالت و باخت هر کس زمانی اتفاق می‌افتد که از ادامهٔ مسیر منصرف شود. البته فراموش نشود که احساس‌های ناشی از چنین باخت‌هایی مانند احساس به دست نیاوردن یا خوب و توانمند نبودن، بسیار بدتر و ویران کننده‌تر هستند. به عنوان

۱۱۷ منبع (۱۴ ص. List_of_largest_companies_by_revenue/)

نمونه، فرض کنید شخصی با ۱۰ میلیون تومان برنامه‌ریزی می‌کند تا به هدفی ۱۰ میلیارد تومانی برسد. اگر این شخص به هدف خود نرسد و سرمایهٔ خود را در این مسیر از دست بدهد، با یک ذهنیت موج دومی فقط ۱۰ میلیون تومان از دست داده و ضرر نموده است. اما با یک ذهنیت موج سومی، زمانی که این شخص همراه یک تیم، حرکت خود را آغاز نموده ولی به نتیجهٔ تعیین شده نرسد، احساس از دست دادن ۱۰ میلیارد تومان را خواهد داشت که البته به مراتب سخت‌تر و شکننده‌تر خواهد بود.

۷.۲.۶- جامعهٔ پویای موج سومی

تأثیر اپراتور **مثبت** در زندگی بشر تنها، به بازار و تجارت محدود نمی‌گردد و این مسئله پایهٔ فرهنگِ موجِ سومیِ انتقال بی‌قید و شرط دانایی خواهد بود. معمولاً، اولین مهارت و دانایی که تاجران موج سومی – که تجربهٔ شیرین کسب ثروت از طریق انتقال دانایی را چشیده‌اند – فرا می‌گیرند، توانایی انتقال دانایی و آموزشِ دیگران می‌باشد. بنابراین، آن‌ها این عمل پسندیده را به عنوان عادتی در منزل، محل کار و اجتماع انجام داده و علاوه بر افزایش سطح دانش و آگاهی جامعه، تبدیل به الگوی رفتاری مناسبی برای دیگران می‌گردند.

بنابراین، اجتماع، رفته‌رفته به یک جامعهٔ پویا تبدیل می‌گردد که اعضاء آن به صورت مداوم در طلب کسب و انتقال دانایی می‌باشند.

به همین دلیل، سطح دانایی افرادی که به تجارت‌های موج سومی مانند بازاریابی شبکه‌ای مشغول هستند، به طرز قابل توجهی از دیگران بالاتر بوده و تقریباً راجع به همه چیز دارای اطلاعاتی مفید و کاربردی می‌باشند.

افرادی که در سنین هجده یا نوزده سالگی، هنگام ورود به دانشگاه یا بازار کار، از تجارب پدر و مادر و اقوام نزدیک خود مانند عموها و داییها- که برخی از آنها در همان زمان افرادی موفق محسوب میشدند - بهرمند نشده و حرکت خود را از سطح صفر آغاز نمودهاند، ارزش این فرهنگ موج سومی را درک مینمایند. این افراد حتماً در اطرافیان خود دوستانی دارند که همیشه خود را با آنها مقایسه نموده و افسوس میخورند. زیرا آن دوستان با تکیه بر دانایی پدر و مادر یا دیگر اقوام نزدیکشان، به سرعت پلههای رشد را طی نموده و به موفقیتهای مالی و معنوی بسیار بزرگتری رسیدهاند.

اولین و مؤثرترین اثر این فرهنگ، بر نظام تربیتی خانوادهها آشکار خواهد شد. طیف وسیعی از کودکانی که تا دیروز در معرض آسیب از جهل والدین خود بودند، تحت نظارتی صحیح رشد نموده و با ذهنی سالم وارد اجتماع میگردند. این مسئله در بعد کلان به معنی چند برابر شدن نیروی جوان فعال، یعنی چند برابر شدن سرمایههای کشورها میباشد.

۷.۳- جایگاه رقابت در فرهنگ موج سوم

زمانی که سرمایه نامحدود باشد و افراد به نحوی در مالکیت سازمان فروش یا واحدهای تولیدی خود شریک باشند، دیگر انرژی مجموعه برای رقابت ناسالم[۱۱۸] تلف نمیشود. برنامهریزیها عقلایی شده، فروش بر پایهٔ تبادل دانایی انجام پذیرفته و تولید برای مصرف صورت میگیرد، نه برای سود.

از سوی دیگر، زمانی که همه همراه همدیگر و به عنوان یک تیم فعالیت

---

۱۱۸ مراجعه شود به بخش ۶.۹.۴- روابط در سازمانها، صفحهٔ ۱۳۱

نمایند، دیگر نفر اول شدن، ارزش زیادی نداشته و در عوض وضعیت نفرات آخر و ضعیف هر تیم اهمیت پیدا می‌کند. بنابراین، روحیهٔ جنگجویانه و رقابتی موج دومی، تبدیل به روحیهٔ همکاری و همیاری خواهد شد.[119] به زبان ساده، هر کسی باید در پی یاری رساندن و برنده ساختن اعضای تیم خود باشد تا نگران بازنده نمودن رقبای خود.[120]

مدل تجارت موج سوم
مدل تجارت موج دوم

شکل ۱۱: جایگاه رقابت در موج سوم

۱۱۹ برای اطلاعات بیشتر مراجعه شود به (۱۲ ص. ۱۲۲)

۱۲۰ این مسئله به کرّات و به روایت‌های مختلف در کتاب‌های فروش موج سومی تکرار شده است. برای نمونه در زمینهٔ بازاریابی شبکه‌ای مراجعه شود به (۸ ص. ۳۱ الی ۳۷، فصل هدفی بزرگ‌تر از پیروزی) و در زمینهٔ فروش بیمه مراجعه شود به (۱۱ ص. ۷۷ الی ۸۲)

۷.۴- خلاصۀ مطالب فصل

۱- پول، زمین، مواد اولیه و کارخانه‌های صنعتی، ماهیتی محدود دارند، بنابراین مردم برای تصاحب آن‌ها باید با هم رقابت نمایند.

۲- این رقابت، الاکلنگی و بر اساس قاعدهٔ برنده-بازنده است. بنابراین:

۲.۱. مجموع سرمایه و سود طرفین معامله همیشه عدد ثابتی است.

۲.۲. افراد، برای برنده شدن، دانایی را برای خود حفظ می‌کنند.

۲.۳. سود، حاصل آن بخشی از دانایی است که طرف دیگر معامله، آن را در اختیار ندارد.

۲.۴. در سطح کلان، باعث ثابت ماندن سطح دانایی عمومی جامعه و رشد نکردن آن می‌گردد.

۳- دانایی، تنها عنصر ثروت است که ماهیتی نامحدود داشته و بنابراین می‌توان بر مبنای آن، معاملات برنده-برنده انجام داد. در این معاملات:

۴- سود، حاصل مجموع دانایی طرفین معامله خواهد بود.

۵- کسی چیزی از دست نمی‌دهد و معمولاً احساس‌های ناخوشایندی همچون باخت را تجربه نمی‌کند.

۶- حجم دانایی و بنابراین ثروت افراد، درحال افزایش دائمی است.

۷- هر چه تعداد طرفین معامله بیشتر و تیم بزرگ‌تر باشد، معامله، پرسودتر خواهد بود.

۸- حجم سود، بسیار بالا و چندین برابر سرمایهٔ مادی بنگاه‌های اقتصادی است.

۹- در سطح کلان، باعث افزایش سطح دانایی عمومی جامعه و رشد آن می‌شود.

۱۰- لزوم رقابت و بازنده نمودن دیگران از بین رفته و جای خود را به همدلی، همکاری و همیاری می‌دهد.

۸- جایگاه بازاریابی شبکه‌ای در موج سوم

با توجه به مطالب عنوان شده در فصل‌های قبل، هم‌اکنون، با درک سؤال بزرگ و پیدا نمودن خاستگاه آن، علاوه بر ارائهٔ پاسخی عِلمی به این سؤال، می‌توان چهارچوب‌های کلی فعالیت در بازاریابی شبکه‌ای را تبیین نمود.

درک زاویهٔ سؤال بزرگ، نه تنها به پیدا نمودن جوابی مناسب خواهد انجامید، بلکه راهنمای ما در یافتن نگرشی مناسب بوده و راه‌گشای ما برای آغاز فعالیت در چهارچوب‌ها و جهت صحیح می‌باشد.

۸.۱- خاستگاه سؤال کجاست

زمانی که تک‌تک افراد، پس از آشنایی با پلان سودرسانی یکی از شرکت‌های فعال در زمینهٔ بازاریابی شبکه‌ای، از خود می‌پرسند:

- *آیا واقعاً در عمل، داشتن چنین درآمدی — چندین برابر آن‌چه تا به الآن، جرأتِ فکر کردن به آن را داشته‌ام — آن هم با دست خالی و بدون نیاز به هیچ امکانات و سرمایهٔ اولیه‌ای امکان‌پذیر است؟*

در حقیقت ذهن ناخودآگاه آن‌ها، مستقلاً شروع به انجام محاسباتی برای تخمین امکان رسیدن به سودهای وعده داده شده نموده است. اما مشکل از این‌جا آغاز می‌گردد که همهٔ آن‌ها با یک ذهنیت تجارت موج دومی، اپراتور **تفریق** و مدل

برنده-بازنده[121] محاسبات خود را انجام داده و بنابراین، هرگز توجیهی منطقی یا ریاضی برای شروع این نوع تجارت پیدا نخواهند نمود! به عنوان مثال، شخصی این‌گونه خواهد اندیشید که:

- *من هر جور حساب می‌کنم، نمی‌شه و به عقل من جور در نمیاد چون یاد گرفتم قطره‌قطره – با اپراتور منفی – پول در بیارم، اما الآن تو می‌گی، می‌شه اندازهٔ اقیانوس پول درآورد؟! بابا! من حاج آقا فلانی را می‌شناسم که در بازار ۵۰ سال سابقه داره، کلی اعتبار با یک مغازهٔ دو دهنه و کلی شاگرد و کارمند، باز با این حساب به زور روزی ۷۰۰ یا ۸۰۰ هزار تومان درآمد خالص کسب می‌کنه. چطور می‌شه، حتی بدون داشتن سرمایه یا مغازه با این سیستم بیشتر از آن فروش داشت و پول درآورد؟*

۸.۱.۱- دلیل جواب منفی اشخاص چیست؟

این شخص تا به امروز با شاخص تفریق پول درآورده است و بنابراین ناخودآگاهِ وی این‌گونه می‌اندیشد که:

- *من چه چیزی را از چه چیزی کَم کُنم تا روزی چندین میلیون تومان درآمد داشته باشم؟ یعنی چقدر باید سعی کنم و چند نفر بفروشم تا به این درآمد برسم؟*

یا به نحوی دیگر و این‌چنین می‌اندیشد که:

- *برای رسیدن به روزی یک میلیون تومان سود، یعنی سالی ۳۵۰ میلیون تومان، باید حداقل یک میلیارد تومان فروش داشته باشم تا با سود خوش‌بینانهٔ حدود سی درصد به مبلغ ۳۵۰ میلیون تومان درآمد برسم. آخر، آیا می‌توان با دست خالی و بدون امکانات، یک گردش مالی میلیارد تومانی ایجاد نمود؟*

به همین دلیل افراد، بلافاصله ناباورانه از معرف خود می‌پرسند که آیا خودشان محصولی خریده‌اند؟ درآمدی داشته‌اند؟ در حقیقت این شخص می‌گوید:

- *من در زندگی، قطره‌قطره‌ها را جمع کرده‌ام، اما شما از اقیانوس بزرگی حرف می‌زنید. حالا*

---

۱۲۱ مراجعه شود به بخش ۷.۱- بازار موج دومی، صفحهٔ ۱۴۵

بیاییم و یک درصد خطایی برایش در نظر بگیریم و این ادعا را کوچکتر کنیم.

اقیانوس را با کوچک کردن، تبدیل به دریا می‌کنند و باز آن را کوچک‌تر کرده و تبدیل به دریاچه می‌کنند. باز اختلاف بین قطره و دریاچه زیاد است. حالا، شروع می‌کنند به محاسبات خوش‌بینانهٔ موج دومی، راجع به توانایی‌های خودشان:

– روزی به جای یک قطره یک لیوان به دست بیاوریم، مگه نمی‌گویید که از فروش تیم فروش خود سود می‌بریم؟ اصلا آن را چند برابر می‌کنیم، به اندازهٔ یک پارچ و باز چند برابر و به اندازهٔ یک استخر.

شکل ۱۲: اختلاف ذهن و زبان پرزنت کننده و پرزنت شونده

اما هنوز، بین این استخر و آن دریاچه اختلاف عظیمی وجود دارد و آن شخص هرکاری می‌کند، نمی‌تواند این دو را در ذهنش به هم مرتبط کند یا این اختلاف

عظیم را توجیه نماید.

بنابراین، برخی افراد پس از پرزنت شدن، به راحتی، جواب منفی داده و علاقه‌ای برای وارد شدن به این تجارت از خود نشان نمی‌دهند. زیرا با دانش و تجربهٔ تجارت موج دومی آن‌ها، تقریباً محال است که بتوان دست خالی چنین سودی ساخت.

۸.۱.۲- دلیل ورود اغلب افراد چیست؟

گاه گفته می‌شود، دلیل ورود افراد به این صنعت وعدهٔ درآمدهای کلان می‌باشد. اما آیا افرادی که ابراز اشتیاق و اعلام آمادگی می‌نمایند، توانسته‌اند پتانسیل عظیم این صنعت را درک نموده، جوابی مناسب برای سؤال بزرگ پیدا کرده و این وعده‌ها را باور کنند؟

باز هم جواب، منفی است. **اول.** این‌که حتی تیزهوش‌ترین مشتری‌ها هم نمی‌توانند بیشتر از پنجاه درصد از مطالب پرزنت را به خاطر سپرده و بنابراین در کل، درک کاملی از نحوهٔ انجام تجارت و پرداخت پاداش‌ها نخواهند داشت. **دوم.** امروزه تقریباً هیچ کسی پیدا نمی‌شود که علاوه بر آشنا بودن با ذهنیت تجارت و بازار موج سومی، [۱۲۲] بتواند ارتباط بین بازاریابی شبکه‌ای و مدل تجارت موج سومی را کشف نماید. بنابراین کسی جواب سؤال بزرگ را نمی‌داند. پس چرا بعضی‌ها به دعوت دوستان خود جواب مثبت می‌دهند؟

در حقیقت، افراد به دلیل باور و اعتمادی که به معرف خود دارند، وارد تیم فروش وی می‌گردند، نه به خاطر درک سودهای وعده داده شده.

---

۱۲۲ مراجعه شود به بخش ۷.۲- بازار موج سومی، صفحهٔ ۱۵۱

به همین دلیل، **اول**. این‌که در بسیاری از مواقع، فروختن محصولات یا به قول معروف «ورودی گرفتن»، بدون برگزاری جلسهٔ پرزنت، بسیار سریع‌تر و آسان‌تر انجام می‌پذیرد و **دوم**، متأسفانه در برخی از مجموعه‌ها، روابط و دوستی‌های قدیمی یا خانوادگی، تحت تأثیر به تحقق نپیوستن محاسبات یا سودهای وعده داده شده، قرار گرفته و از بین می‌رود که این مسئله، یکی از تهدیدهای بازاریابی شبکه‌ای محسوب می‌گردد. بنابراین، این سه موضوع که:

۱- در هنگام پرزنت باید چه محاسباتی ارائه شود؟

۲- چه وعده‌ها و تعهداتی به مشتری‌ها داده شود؟

۳- چگونه آن‌ها را ترغیب به شروع فروش نمود؟

در حفظ و مستحکم نمودن روابط یا از هم پاشاندن دوستی‌ها و اعتمادها، بسیار مهم و مؤثر می‌باشد.[۱۲۳]

۸.۱.۲.۱- نقش جذابیت‌های بازاریابی شبکه‌ای

در حاشیهٔ مطلب اصلی کتاب، لازم به ذکر است که همان‌طور که گفته شد، وعدهٔ سودهای کلان، معمولاً دلیل ورود افراد به شبکه‌های فروش شرکت‌ها نمی‌باشد، اما جزو جذابیت‌های اصلی این تجارت به شمار می‌رود. البته، باز هم لازم به ذکر است که گاه، جذابیت‌هایِ دیگرِ فعالیت در یک شرکت یا واحد موج سومی، بیشتر از بُعد درآمدی آن می‌باشد. مواردی مانند کار در خانه با زمان شناور، جبران فاصله بین نسل‌ها، کاهش تنهایی تکنولوژیکی و موارد دیگر.[۱۲۴]

۱۲۳ توضیح و بررسی این سه عامل از حوصلهٔ این کتاب خارج است و ان‌شاءا... در کتاب‌های آینده به این مطالب پرداخته خواهد شد.

۱۲۴ مراجعه شود بـه بخش ۵.۴.۲- نظام جدید خانواده و کلبهٔ الکترونیک، صفحهٔ ۷۷ و فصل ۵.۴.۳- تنهایی تکنولوژیکی، صفحهٔ ۸۰

به عنوان نمونه، طبق آمار منتشر شده، توسط مجلۀ "نگاهی به تجارت اقیانوس آرام" در کشور هند، درصد تأثیر جذابیت‌های این صنعت برای فروشنده‌های جدید به شرح زیر می‌باشد:[۱۲۵]

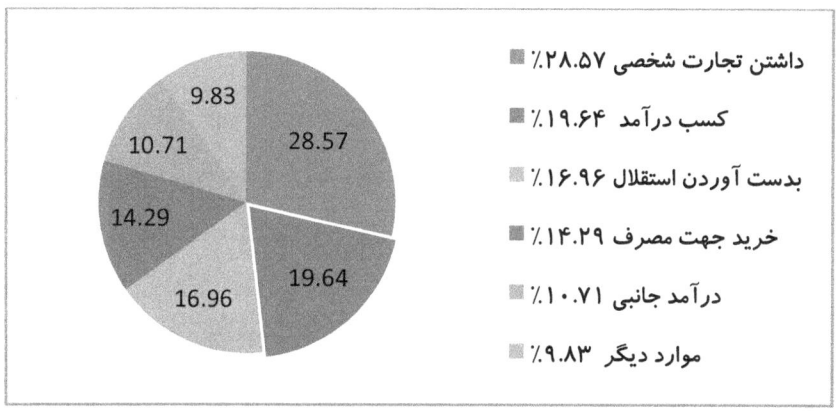

شکل ۱۳: نمودار جذابیت‌های بازاریابی شبکه‌ای در کشور هند

۸.۲- جواب سؤال بزرگ

مهم نیست که یک بنگاه اقتصادی، یک نتورکر یا یک شخص چه خدماتی ارائه داده یا چه محصولی می‌فروشد؛ بلکه مهم این است که در چهارچوب اصول و قوانین کدام موج حرکت نموده و از ابزار کدام عصر استفاده می‌نماید. اختلاف عظیم در درآمد صنعت بازاریابی شبکه‌ای به خاطر فعالیت در چهارچوب‌های مدل تجاری موج سومی است، نه محصولات یا طرح سودرسانی شرکت‌ها. تنها افراد و شرکت‌هایی که بتوانند این هنر را به خرج داده و بستر تجارت خود را بر اساس اصول جدید بنا نمایند، از مزیت‌های تجارت موج سوم، همچون جریان دانایی، قانون برنده-برنده و سودهای نامحدود بهره‌مند می‌گردند.

۱۲۵ منبع www.pbr.co.in/PDF%Copy/۷.pdf

۸.۲.۱- قدم اول. تعیین و تشخیص جایگاه خود

اگر هر نت‌ورکری افکار، استراتژی‌ها، اعمال و قدمهای خود را با مفاهیم ذکر شده برای تجارت موج سوم مقایسه نماید، در خواهد یافت که میزان درآمد وی، رابطهٔ مستقیمی با میزان رعایت اصولِ تجارت‌های موج سومی دارد.[۱۲۶]

اگر به یک کشاورز موج اولی که هنوز با نظام پولی آشنا نیست و از سطح پایین زندگی خود شکایت دارد، گفته شود:

- *گندم‌هایت را بده و به جای آن تکه‌ای کاغذ بگیر.*

او به شما پاسخ خواهدداد:

- *یک گاو به من بده تا این بار گندم را به تو بدهم.*

البته توضیحاتی راجع به پول کاغذی و ارزش قراردادی آن، هیچ کمکی به انجام معامله نخواهد کرد. زیرا آن کشاورزِ موج اولی، هرگز مفاهیم و ابزارِ معمولِ موج دوم را قبول ننموده و مورد استفاده قرار نخواهد داد. البته به همین دلیل سطح زندگی و درآمدش همیشه پایین و محدود خواهد ماند.

در صنعت بازاریابی شبکه‌ای نیز، تاجرها یا نت‌ورکرهایی هستند که با تمام قوا سعی دارند، طبق آموخته‌ها و تجاربِ موجِ دومیِ خود عمل نمایند. آن‌ها، بازایاب و ویزیتور استخدام می‌کنند و تحتِ عناوینِ مختلف، دفتر کار تأسیس می‌نمایند. مشتری‌هایشان را به دفاتر کار دوستانشان می‌برند، تبلیغات انجام می‌دهند، سلسله‌مراتب‌ها و مقام و منصب مدیریتی تعریف کرده و با طراحی ضوابطِ سخت و محدود کننده، همچون مدیرانی مستبد، بر تیم فروش خود حکومت نموده، حق تفکر، تعقل و تصمیم‌گیری را از آن‌ها گرفته، ارتباط‌ها و

۱۲۶ مراجعه شود بـه بخش ۵.۳- اصول موج الکترونیک و کامپیوتر، صفحهٔ ۶۵، فصل ۶- چهارچوب ذهنی موج سومی، صفحهٔ ۹۸ و فصل ۷- بازار، صفحهٔ ۱۴۵

جریان دانایی را محدود و مسدود نموده و حتی ساعات کاری و رفت و آمد آن‌ها را به بهانهٔ داشتن نظم، کنترل می‌نمایند.

این‌گونه افراد، بعد از کار و تلاش فراوان و با پرداخت هزینه‌های هنگفت، در بهترین حالت، به فروش‌های بالا اما سود اندک خواهند رسید، ولی معمولاً، اغلب آن‌ها با مشکلِ عدمِ فعالیتِ بخشِ زیادی از تیم فروش خود یا مهاجرت آن‌ها مواجه شده و با تحمل ضرر و زیان فراوان، شکستی موج دومی را تجربه می‌نمایند. البته، گناه این شکست را به گردن دیگران یا مشکل‌دار بودن این صنعت انداخته، یا این‌که شرکت خود را مقصر دانسته و بنابراین به عضویت شرکت‌های دیگر درآمده و این روال را بارها تکرار می‌کنند.

اما، اگر همین افراد، مطابق اصول موج سوم تجارت نمایند، ساختن سودی معادل روزی چندین میلیون تومان، کاری امکان‌پذیر و آسان خواهد بود.

> به زبان ساده، اگر می‌خواهید از درآمد رویایی این صنعت بهره‌مند گردید چاره‌ای ندارید جز این‌که طبق اصول گفته شده فعالیت نمایید.

اما، تنها بعد از تشخیص جایگاه واقعی خود است که می‌توان آگاهانه و مسئولانه، چهارچوب‌هایِ ذهنیِ منسوخِ گذشته را با چهارچوب‌های صحیح و کارآمد نوین جایگزین نمود. بنابراین، ابتدا باید دید که جایگاهمان کجاست و در چهارچوب کدام عصر، تفکر و زندگی می‌نماییم؟ کشاورزی، صنعت یا الکترونیک؟ هم‌اکنون مشغول چه کاری هستیم و ذهن ما درگیر چه مسائلی است؟ دنبال خرید زمین هستیم یا دنبال پول و طلا؟ یا خرید و فروش و یا راه‌اندازی واحد تولیدی؟ یا دنبال کسب دانایی جدید و به جریان انداختن آن؟ از

چه ابزاری استفاده می‌نماییم؟

خبر بد این‌که، چه بدانیم و چه ندانیم، بیشتر طرز فکرها و رفتارهای ما موج دومی است، زیرا جامعه‌ای که در آن رشد و پرورش یافتیم، مطالبی که از خانواده، رسانه‌های عمومی و در مدرسه آموختیم و همچنین بازاری که مایحتاج خود را از آن تهیه می‌نماییم، موج دومی هستند.

۸.۲.۲- قدم دوم. انتخاب چهارچوب ذهنی صحیح

از این‌جا به بعد، برخی از مهم‌ترین و کاربردی ترین مفاهیم فعالیت در صنعت بازاریابی شبکه‌ای را بررسی می‌نماییم که همگی خود در چهارچوب‌های عصر الکترونیک و کامپیوتر خواهند بود.

اولین چالشی که در راه انجام یک تجارت موج سومی، مانند بازاریابی شبکه‌ای وجود دارد، مقاومت انسان‌ها برای پذیرش چهارچوب‌ها و مفاهیم نوین عصر الکترونیک می‌باشد. هر چند که در کل، بشر، دارای اینرسی سکون زیادی در برابر تغییر بوده و هر تغییری را خطری بالقوه تلقی می‌نماید، اما این بار، دلیل این مقاومت چیزی فراتر از اینرسی سکون و ناشی از عدم توانایی درک و لمس این مفاهیم جدید می‌باشد.

۸.۲.۲.۱- دلیل مقاومت افراد در برابر مفاهیم جدید

همان‌طور که گفته شد، امروزه ماهیت قدرت، سرمایه و بنابراین، ابزار مرتبط با آن نامحسوس و فوق نمادین گشته است.[۱۲۷] در نتیجه غیر قابل اندازه‌گیری، لمس یا دیده شدن هستند. به زبان ساده، مردم، دقیقاً نمی‌دانند این سرمایهٔ

---

۱۲۷ مراجعه شود به بخش ۶.۷- ثروت و سرمایه، صفحهٔ ۱۲۱ و بخش ۶.۸- ابزار، صفحهٔ ۱۲۳

جدید چیست، چه شکلی دارد و چگونه باید آن را به گردش درآورد. بنابراین، حتی اگر افرادی داوطلبانه، مشتاق تغییر و پذیرفتن مفاهیم جدید باشند، اولین چالش آن‌ها، فهم مفاهیم نوینی است که از محدودهٔ درک حواس پنجگانهٔ آن‌ها خارج است.

در عصر کشاورزی و صنعت، زمین و دام، طلا، مواد اولیه و ماشین‌آلات ملموس بودند. اما در عصر الکترونیک، نمی‌توان دانایی را مشاهده یا لمس نمود یا به راحتی اندازه‌گیری کرد. یک کیلو طلا، همه‌جا یک کیلو طلا است. اما نمی‌توان یک «داده» یا یک جمله را در دست نگاه داشت و گفت:

- *ما الان ۵.۶ واحد اطلاعات داریم.*

مهم‌تر این‌که هرگز نمی‌توان روشی برای ارزش‌گذاری اطلاعات ابداء نمود. زیرا یک واحد اطلاعات، می‌تواند از چندین تومان تا میلیاردها دلار ارزش داشته باشد، در صورتی‌که ارزش یک هزار تومانی یا یک کیلو طلا کاملاً مشخص است.

در عصر الکترونیک، بسیاری از چیزها را نمی‌توان دید، اما وجود دارند.

بنابراین تمام هنر ما این است که این تعاریف و مفاهیم را شناخته، یاد بگیریم و از آن استفاده نماییم. هر چند که برای ما ملموس نیستند. زیرا، همان‌طور که اگر کسی برای تهیه انرژی، به جای استفاده از سوخت‌های فسیلی مانند نفت و زغال‌سنگ از انرژی خورشیدی بهره‌گیرد، بهای کم‌تری پرداخته و انرژی بیشتری به دست می‌آورد، ما هم اگر با سرمایهٔ موج سومی کار کنیم، سود بیشتری به دست آورده و هزینهٔ کم‌تری خواهیم پرداخت.

بازاریابی شبکه‌ای بهترین، روش تجربی برای ملموس نمودن روال تولید ثروت از دانایی برای مردم می‌باشد.

۸.۲.۲.۲- اول، دور ریختن مفاهیم کهنه

در بخش ۷.۲.۲- قاعدهٔ برنده-برنده،[۱۲۸] به این‌جا رسیدیم که شکل و قوانین تجارت عوض شده است. اگر ما در گذشته، درگیر بازی با توپ برنده-بازنده بودیم، امروز به این نتیجه رسیدیم که بازی‌های تیمیِ بدونِ توپ – یعنی بدون رقابت – و برنده-برنده، سود بیشتری خواهند داشت.

همهٔ افراد در لایهٔ موجِ دومیِ زندگی، یعنی در شغل و حرفهٔ کنونی خود اطلاعاتی جامع، کافی و کاربردی دارند. اگر شما یک مهندس، مغازه‌دار یا تاجری موفق هستید، به این معنی است که در کار خود استاد و به آن مسلط هستید. تجارب زیادی داشته، توانایی لازم برای بازی با آن توپ و گل زدن در معاملات را دارا می‌باشید.

موضوع بسیار مهم، این‌که در عصر الکترونیک، آن اطلاعات و تجربه‌ها، دیگر به درد شما نمی‌خورند، همان‌طور که استراتژی‌های بازی‌های تیمی، مثل فوتبال یا والیبال در هنگام پیاده‌روی یا پرواز به درد نمی‌خورد و توانایی شوت زدن و پاس دادن، در کوه‌نوردی کارایی ندارد.[۱۲۹]

همهٔ انسان‌ها، در کارهای قبلی خود حرفه‌ای و کار آزموده‌اند و این بسیار خوب است. اما اگر بخواهند، مطابق قوانین موج الکترونیک و به اصطلاح موج سومی بازی نموده و تجارتی جدید، برای رسیدن به یک درآمد رویایی آغاز نمایند، باید بپذیرند که تجارب و اطلاعات موج دومی، امروزه، به درد آن‌ها نخورده و باید از ابتدا اصول تجارت نوین را فرا گیرند.

خوش‌بختانه، قوانین و مفاهیم نوین ساده‌تر و به ذات انسان نزدیک‌تر

---

۱۲۸ مراجعه شود به صفحهٔ ۱۵۲

۱۲۹ مراجعه شود به بخش ۶- چهارچوب ذهنی موج سومی، صفحهٔ ۹۸

می‌باشند. اما به هر حال با آن‌چه اندوختهٔ ماست، متفاوتند.

۸.۲.۲.۳- دوم. ایجاد جریان دانایی

در بازاریابی مدل موج سومی و در بازاریابی شبکه‌ای، رمزِ ساختنِ سود، انتقال دانایی – اطلاعات، تجارب و مهارت‌ها – و یاد دادن آن‌ها به دیگران می‌باشد. هر چند که این فرایند، همانند خط تولید یک کارخانه، روال ملموسی نبوده و نمی‌توان چرخهٔ تولید سود و ثروت از این جریانِ دانایی را با چشم مشاهده نمود.

> هر چیزی را که می‌دانی، به تیم فروش خود یاد بده!

در حقیقت، کارِ اصلیِ یک نت‌ورکر فروش محصول نیست، بلکه انتقال دانایی به تیم فروش خود است. شما ۱۰ واحد دانایی دارید و آن را به فروشنده‌های مستقیم خود که آن‌ها نیز هر کدام ۱۰ واحد دانایی دارند، منتقل می‌نمایید . اکنون، هرکدام از آن‌ها در مجموع ۲۵ واحد دانایی دارند. آن‌ها نیز، همین کار را انجام داده و بنابراین، فروشنده‌های آن‌ها، هرکدام ۴۰ واحد دانایی خواهند داشت. به همین ترتیب، سطح بعدی، ۵۵ واحد، بعد از آن ۷۰ واحد و نفرات آخر در سطح ششم ۱۰۰ واحد یعنی ده برابر شما دانایی کسب نموده‌اند و در نتیجه می‌توانند شبکهٔ فروش خود را با ده برابر توان شما راه اندازی نمایند.

این شرکت است که مسئولیتِ مدیریتِ فروش و ارسال محصولات به زیرمجموعه‌های نت‌ورکرها را دارد و بنابراین، کار نت‌ورکرها انتقال و تبادل دانایی است و آن‌ها از حجم عظیم دانایی که در لایه‌های تیم فروششان در جریان است، سود کسب می‌نمایند. به همین دلیل، ابزار آموزشی زیادی وجود دارد که به صورت رایگان یا هزینهٔ اندک، در اختیار همه می‌باشد. این روال، به خصوص

برای کسانی که به قوانین موج دوم عادت نموده‌اند، ملموس نیست، زیرا نمی‌توان آن را رسم نمود، اما نتیجه دارد.

به همین دلیل، گفته می‌شود که تیم فروش خود را ناگهان گسترش ندهید و به قول معروف «برای شروع، دو نفر ورودی جدید کافی است». زیرا انتقال دانایی، کاری جدی و زمان‌بر بوده و گاه مجبور می‌شوید، برای یک فروشندهٔ جدید، یک یا دو ماه وقت، صرف و سرمایه‌گذاری نمایید.

۸.۲.۲.۴- سوم. شیوهٔ کسب دانایی

در عصر صنعت، جریان اطلاعات، یک طرفه بود. یعنی، همیشه به ما یاد می‌دادند. اما، در عصر الکترونیک، به دلیل وجود ابزار جدید، جریان اطلاعات، دو طرفه گشته است. هم‌اکنون، انتظار فایده‌ای نداشته و خود افراد باید به دنبال پیدا نمودن مطالب جدید و مفید بروند، کتاب بخوانند، تحقیق و مطالعه نمایند، سی‌دی آموزشی تهیه کنند یا در سمینارها شرکت نمایند.

> به همین دلیل، نقطهٔ آغاز بازاریابی شبکه‌ای موج سومی از جائی است که بعد از پرزنت شدن افراد، باید به آنها گفته شود که در صورت تمایل و علاقه به آغاز فعالیت، ابتدا شخصاً، زمانی را صرف تحقیق نمایند. زیرا یک مشتری جدید، باید اولین گامِ خود را مطابق مفاهیم موج سومی بردارد.

درصورتی که در بازاریابی شبکه‌ای موج دومی، به مشتری گفته می‌شود:

- *تحقیق نکن، فقط به حرف‌های ما گوش بده و دلایل، توضیحات و توجیه‌های ما را آن‌طور که ما می‌گوییم بشنوا*

از سوی دیگر، گاه مشاهده شده که کسب اطلاعات جدید به هر عنوانی،

چه خواندن کتاب و چه مراجعه و گشت و گزار در اینترنت، به این بهانه که مبادا نتورکرها اطلاعات اشتباه دریافت کنند، منحرف شوند یا دچار حاشیه گردند، در بعضی از مجموعه‌ها ممنوع است! این تصمیم، حاصل یک نگرش کهنه و غلط موج دومی است. یک بازاریاب موج سومی، باید به اندازه‌ای دانایی داشته باشد که بتواند اطلاعات صحیح را از غلط، و مفید را از غیرمفید تمیز دهد. در یک تیم موج سومی، یک بازاریاب حرفه‌ای، همیشه خلاء دانایی را حس نموده و همیشه در حال کسب ثروت یعنی مطالعه و یادگیری است، از گزارش‌ها و مقاله‌ها راجع به بازاریابی و فروش گرفته تا جزوه و کتاب دربارهٔ روان‌شناسی، جامعه‌شناسی، اقتصاد و مدیریت.

۸.۲.۲.۵- چهارم. انتخاب همراه و هم‌تیمی‌های مناسب

افرادی هستند که در بازی‌هایی مانند فوتبال یا تنیس موفق نیستند یا قد آن‌ها کوتاه است و به درد والیبال نمی‌خورند. اما به این معنی نیست که آن‌ها توانایی کوهنوردی و کار تیمی نداشته باشند. دلیل آن نیز واضح است، زیرا قوانین و توانمندی‌های مورد نیاز هر کدام از این ورزش‌ها متفاوتند.

افراد ضعیف‌الجثه‌ای که در طول دوران موج اول، ضعیف و ناتوان بوده و به راحتی تحت غارت و چپاول قرار می‌گرفتند، گاه، تبدیل به تاجرها یا دانشمندانی موفق در موج دوم شدند. کسانی که به هر دلیلی در زندگی و تجارت موج دومی موفق نبودند، نیز، می‌توانند به نوابغ و اعجوبه‌های موج سوم تبدیل گردند. شاید افرادی را بشناسید که در درس و دانشگاه موفق نبوده‌اند، در سرمایه‌گذاری‌ها شکست خورده یا چندین بار از محل کار خود اخراج شده‌اند. هیچ یک از این موارد، دلیلی برای عدم موفقیت این افراد در تجارت‌های موج

سومی نخواهد بود.

> شکست‌های پی‌درپی افراد، در امور موج دومی، به این معنی نیست که آن‌ها توانایی یادگیری، پردازش، طبقه‌بندی، تحلیل و سپس انتقال و آموزش دانایی را ندارند.

به همین دلیل، هنگام جذب فروشنده‌های جدید، تأکید می‌گردد که در انتخاب افراد قضاوت ننموده و به دنبال کسانی که در تجارت‌ها و بازی‌های موج دومی، بهتر گل می‌زنند نباشید.

نکتهٔ مهم‌تر، این‌که آن افرادی که در تجارت موج دومی موفق نبوده‌اند، پتانسیل بیشتری برای کسب موفقیت در تجارت‌های موج سومی دارند. زیرا، آموخته و چهارچوبی ندارند که لازم باشد آن را کنار بگذارند و به قول معروف، فنجانشان خالی است. بنابراین آن‌ها هرگز نخواهند گفت که:

– من مدیر عامل فلان شرکتم و خودم خیلی چیزها می‌دانم.

– آیا باید بیایم و از تو چیز یاد بگیرم؟

– من خودم دارم روزی به ۱،۰۰۰ نفر پیر و جوان و با سواد و بی سواد، لر و ترک و تهرانی و مشهدی جنس می‌فروشم. حالا بیام بشینم، شما به من روش پرزنت کردن یاد بدی؟

در عوض کسی که فنجانش خالی است، خواهد گفت که:

– من آمده‌ام تا یاد بگیرم که چطور به سود برسم، پس، هر چه بگویی انجام می‌دهم.

۸.۳- مخالفین صنایع موج سومی

با بررسی سیر تمدن، به این نتیجه رسیدیم که اگر پدیده‌ای به وجود آید که متفاوت از هنجارهای جاری و گاه مخالف قوانین فعلی رفتار کند، نه تنها لزوماً اشتباه نیست، بلکه می‌تواند متعلق به آینده و تمدن نوین باشد. برای اثبات این

فرضیه، کافی است تا نقاط مشترک آن را با پدیده‌های نو ظهور دیگر پیدا نمود.

امروزه، در تقابل موج سوم با دو موج کشاوزی و صنعت، این دو گروه به مقابله با پدیده‌های جدید موج سومی می‌پردازند:

گروه اول، نخبگان موج دومی[۲۴] که پدیدهٔ جدید را با مفاهیم منسوخی مانند آن‌چه در زیر عنوان شده سنجیده و بنابراین، به ناچار، خط بطلانی بر آن پدیده می‌کشند:

- تولید فقط ترکیبی است از منابع مالی، ماشین و نیروی عضله.
- مهم‌ترین سرمایه‌های هر بنگاه، دارایی‌های ملموس آن است.
- ثروت ملی، از مازاد تجارت کالاها ناشی می‌شود.
- علوم انسانی و نظری، به موفقیت در کسب و کار ربطی ندارد.
- چرخش از کار یدی، به بخش خدمات و مشاغلِ فکری، برای اقتصاد زیان‌بار است.

گروه دوم، صاحبان منافع موج دومی که پدیدهٔ جدید را خطری برای منافع خود دانسته و به جای سوار شدن بر کشتی تغییرات و به خدمت گرفتن دانایی و امکانات جدید، برای حفظ ارابهٔ فرسوده و شکستهٔ خود، تصمیم به مبارزه می‌گیرند. این افراد با سوگواری بر «زوال» تولید کارخانه‌ای و سردادن شعارهایی راجع به ثروت، تولید و بیکاری، گروه اول را فریفته و با خود همراه می‌کنند.

بازاریابی شبکه‌ای نیز، از این قاعده مستثنی نیست. چنان‌چه، شعار نت‌ورکرها راجع به حذف هشتاد درصدی هزینه‌ها با رساندن مستقیم کالا از تولیدکننده به مصرف‌کننده، واقعیت داشته باشد، بی‌شک، حاکمان و سربازان چرخهٔ کهنهٔ نظام توزیع دنیا، برای حفظ منافع خود، به سختی خواهند کوشید.

۸.۴- خلاصهٔ مطالب فصل

۱- باورهای محدود ذهنی افراد در روال کسب ثروت – یعنی استفاده از اپراتور **تفریق** در محاسبات مربوط به ساختن سود و شیوه‌های موجِ دومیِ تولیدِ ثروت - باعث می‌گردد، تا نتوانند پتانسیل درآمدزایی صنعت بازاریابی شبکه‌ای را درک نمایند.

۲- هیچ کسی، بعد از پرزنت شدن، درک کاملی از فرصتی که به وی معرفی شده است، نخواهد داشت و رابطهٔ این صنعت و مدل تجارت موج سومی و اصول آن را کشف نمی‌کند.

۳- افراد، به دلیل اعتماد به معرف، خود وارد این تجارت می‌شوند و نه به خاطر طرح تجاری یا فرصت درآمدزایی آن.

۴- پتانسیل بالای درآمدزایی این صنعت، به دلیل استفاده از چهارچوب‌های ذهنی و مفاهیم حاکم بر عصر الکترونیک می‌باشد، نه به دلیل طرح سودرسانی یا فروش محصولات خاص یا موارد دیگر.

۵- اولین قدم، برای دریافت چهارچوب‌های ذهنی موج سومی، درک و پذیرش ذهنیت‌های موج دومی می‌باشد.

۶- اولین مانع، در قبولِ مفاهیمِ جدیدِ موجِ سوم، فوق نمادین بودن، ملموس نبودن و قابل اندازه‌گیری نبودن آن‌ها می‌باشد.

۷- اولین چهارچوب ذهنی جدید: دانشِ تجاریِ موجِ دومیِ افراد، برای تجارت‌های موج سومی کاربردی ندارد.

۸- دومین مفهوم در تجارت موج سومی: ثروت و سرمایه از به جریان انداختن دانایی حاصل می‌شود و نه از فروش بیشتر. بنابراین، «برای شروع کار بازاریابی شبکه‌ای، دو نفر ورودی جدید کافی است».

۹- سومین قانون: امروزه، جریان دانایی یک طرفه نیست. افراد نباید منتظر دریافت اطلاعات جدید شده و باید برای کسب دانایی جدید، تلاش نمایند.

۱۰- چهارمین قانون، در یک تجارت موج سومی، بهترین شریک کسی است که بیشترین توانایی دریافت دانایی، یادگیری آن، پردازش، طبقه‌بندی، تحلیل و سپس انتقال و آموزش آن را دارد، نه کسی که ثروت یا روابط بیشتری دارد.

۱۱- افرادی که در تجارت‌های موج دومی خود موفق هستند، معمولاً، در مقابل یادگیری و استفادهٔ مفاهیم جدید مقاومت نشان می‌دهند و به قول معروف، فنجان آن‌ها پر است.

۱۲- متفکرین و نخبگان موج دومی که همهٔ مسائل را از پنجرهٔ ثروت مادی، تولید صنعتی و بیکاری می‌بینند، دشمنان پدیده‌های نوظهور موج سومی، مانند بازاریابی شبکه‌ای هستند.

۹- بازاریابی شبکه‌ای در جهان، خاورمیانه و ایران

اکنون، برای نمایش قدرت، اهمیت و تأثیرگذاری صنعت بازاریابی شبکه‌ای، به مطالعهٔ آماریِ آن در بُعد جهانی و تخمین پتانسیل‌های آن در خاورمیانه و ایران پرداخته و سپس، مزایا و اثرات آن را بررسی می‌نماییم.

حال که با بازاریابی شبکه‌ای موج سومی آشنا شدیم، خالی از لطف نیست که در بعد کلان، بخشی از مزایای آن را بررسی نماییم که می‌تواند راهِ حلی موج سومی، برای برخی از چالش‌های امروز جامعه بوده و این صنعت را در خدمت اجتماع و کشور درآورد. به این منظور، ابتدا از نظر آماری، نگاهی به وضعیت این صنعت در دنیا انداخته، سپس با بررسی پتانسیل‌های آن در خاورمیانه، به برخی از نقاط قوت و ضعف، تهدیدها و فرصت‌های[۱۳۰] آن نظری انداخته و در نهایت، به بررسی قسمتی از مزایا و تأثیرات آن در جامعه خواهیم پرداخت.

۹.۱- بررسی پتانسیل این بازار در خاورمیانه

طی سال‌های گذشته، بازاریابی شبکه‌ای در میان تمامی صنایع دنیا دارای بیشترین رشد بوده. این صنعت، در مجموع با تیم فروشی ۴۳.۸ میلیون نفری و فروشی

---

۱۳۰ SWOT

معادل ۷۸ میلیارد دلار در سال ۲۰۰۱، به تیم فروشی 91.5 میلیون نفری و فروشی معادل ۱۵۳ میلیارد دلار در سال ۲۰۱۲، رسیده است. در سال ۲۰۱۲، کشور آمریکا با داشتن حدود ۱۷ میلیون نفر فروشنده و فروشی حدود ۳۰ میلیارد دلار، بیشترین فروش را داشته است و کشور اسلوونی با ۲۴ میلیون دلار، دارای ضعیف‌ترین فروش بوده است.[۱۳۱]

این آمار و ارقام، **اول**. بیانگر این مطلب است که آمریکا، توانسته است در ایجاد جریان و گردش دانایی در صنعت بازاریابی شبکه‌ای و تبدیل آن به ثروت، موفق‌ترین کشور باشد. **دوم**. با توجه به عوامل زیر، نشانگر پتانسیل عظیم خفتهٔ بازاریابی شبکه‌ای در منطقهٔ خاورمیانه می‌باشد:

- بیشتر بودن جمعیت کشورهای منطقه از جمعیت آمریکا.[۱۳۲]
- وجود فرهنگ مصرف‌گرایی در خاورمیانه .
- انگیزهٔ بالای کسب ثروت در خاورمیانه.
- بالاتر بودن میزان روابط شخصی و فامیلی در خاورمیانه، به دلیل فرهنگ غالب موج اولی.
- عدم وجود خدماتی همچون Yahoo, Amazon, Paypal clicktopay و غیره در خاورمیانه که فقط گردش مالی این سرویس‌ها به تنهایی بالای ۱۰۰ میلیارد دلار در سال می‌باشد.

---

۱۳۱ منابع: www.dsa.org/research/industry-statistics ،
www.wfdsa.org/files/pdf/global-stats/Sales_and_Community_۲۰۱۲.pdf
www.phdcci.in/admin/admin_logged/banner_images/۱۳۷۴۶۵۰۵۴۵.pdf
و وب‌سایت www.directsellingnews.com
مقالهٔ direct_selling_billion_dolar_markets۶□.U۸JJcRY۵۵SV

۱۳۲ جمعیت آمریکا، حدود ۳۱۸ میلیون نفر است. جمعیت خاورمیانه، به همراه دو کشور پاکستان و افغانستان بیشتر از ۶۰۰ میلیون نفر می‌باشد.
منبع (۱۴ ص. List_of_countries_by_population/)

بنابراین، می‌توان نتیجه گرفت که بخشی از بازار خرده فروشیِ خاورمیانه که بازار هدف این صنعت است، دارای پتانسیلی، حداقل بیش از ۳۰ میلیارد دلار در سال می‌باشد که البته هنوز بکر بوده و مورد استفاده قرار نگرفته است.

البته، ناگفته نماند که کشور ترکیه با فروش ۱.۲ میلیارد دلار در سال ۲۰۱۲، توانسته سهم اندکی از این بازار را به دست آورد[۱۳۱] و این احتمال وجود دارد که این کشور، بتواند با یک برنامه‌ریزی دقیق و مناسب، فاتح بازار خاورمیانه گشته و منافع عظیمی را به جیب خود واریز نماید. همچنین، کشور امارات که یک بندر آزاد است، مانند یک مرکز پخش محصولات و اطلاعات، حجم زیادی از اطلاعات را از کشورها گرفته، به کشورهای دیگر صادر نموده و هر روز تعداد زیادی از تبعه‌های کشورهای مختلف به آن رفت و آمد دارند. به همین دلیل، این کشور، یکی از تهدیدهای بالقوه محسوب شده و پتانسیلِ بسیار زیادی برای تبدیل شدن به کشور پیشروی این صنعت در منطقه را دارد.

با توجه به پتانسیل این بازار و این حقیقت که این فرصت از چشم دیگران نیز پنهان نیست و نه تنها تولید کننده‌ها، شرکت‌ها و بانک‌ها از وجود این معدن طلا مطلع هستند، بلکه آمار بسیار دقیق‌تر و مفصل‌تری از پتانسیل‌ها، نیازها و چگونگی رفتار این بازار بزرگ دارند، سؤال اینجا است که چرا تا به حال این بازار، توسط هیچ شرکتی به صورت مستقیم و با برنامه، هدف قرار گرفته نشده است و چرا بنگاه‌های بزرگ اقتصادی از این فرصت استفاده نمی‌نمایند؟

۹.۲- فرصت‌ها. دلایل عدم توجه به بازار خاورمیانه

اول، با توجه به این موضوع که بازاریابی شبکه‌ای، سهم کوچکی از بازار خرده فروشی را در دنیا تصاحب نموده است و همچنان، پتانسیل رشد بالایی دارد،

هنوز، در سطح جهانی، نیازی برای کشف بازارهای جدید احساس نشده است. به زبان ساده، بازارِ این صنعت در اروپا، آمریکا و خاور دور با چنان سرعتی در حال رشد و گسترش می‌باشد که به صاحبان خود، مجال نگاه کردن به فرصت‌های جدید نمی‌دهد.

دوم، نبود بسترهای مورد نیاز در منطقه، مانند بستر قانونی، بستر تکنولوژیکی، بستر فرهنگی، بستر رسانه‌ای و بستر آموزشی. به عنوان نمونه از نظر فرهنگی، فضای محدود و کنترل شدهٔ ناشی از وجود فرهنگ و روابط کهنهٔ قدرت در منطقه، تضادهای اساسی با فرهنگ و روش این نوع تجارت دارد.

سوم، وضعیت سیاسی فعلی منطقه، که برای ایران، تحریم‌هایی را به دنبال داشته است، باعث ایجاد ناامنی در بقیهٔ کشورها شده و بنابراین، حضور غول‌های بزرگ اقتصادی غربی را به تأخیر انداخته است، که هر کدام از آن‌ها متخصص ایجاد و بهره‌برداری از یک یا چند بستر ذکر شده در بالا بوده و آمادهٔ بلعیدن این بازار هستند. البته، به محض این‌که شرایط عوض گردد و تحریم‌ها برداشته شود، شرکت‌های فراملیتیِ موج سومی، به صورت مستقیم یا به شکل نمایندگی‌ها و یا در قالب قراردادهایِ تجاریِ مختلف، وارد این بازار شده، بسترهای مورد نیاز را وارد یا ایجاد نموده و با متلاشی کردن شرکت‌های موج دومی و شبکهٔ فعلی و کهنهٔ خرده فروشی، با قلدری روابط جدید قدرت – از نظر اقتصادی – را در جامعه حاکم می‌نمایند. البته، قربانیان این تغییرات که به مذاق حکومت‌ها نیز سازگار نیست، مردمِ کشورها، تاجران و بازاریاب‌ها خواهند بود.

۹.۳- بازاریابی شبکه‌ای در ایران

اگر بازار خاورمیانه را به آوردگاهی تشبیه نماییم که هدفِ جنگ‌آورانِ هر

کشور، تسخیر بازارهای خرده فروشی کشورهای دیگر باشد، ایران، علاوه بر کثرتِ نفرات نسبت به کشورهای همسایه، از لحاظ تجهیزات نظامی مورد نیاز – منظور دانایی و قدرت آموزش و انتقال آن – نیز بر آن‌ها برتری دارد. بنابراین، در صورت ایجاد بسترهای ذکر شده، ایرانیان می‌توانند به آسانی در یک دورهٔ پنج تا هفت ساله، فاتح این نبرد باشند.

۹.۳.۱- ایران، بهترین پتانسیل برای فتح بازار خاورمیانه

حوادث و اتفاق‌های پانزده سال اخیر، فرضیهٔ بالا را اثبات می‌نماید. تب بازاریابی شبکه‌ای، حدود دو سال بعد از ورود به امارات متحدهٔ عربی، وارد ایران شد و در ابتدا ایران، تحت نفوذ لیدرهای اماراتی بود. اما بعد از گذشت حدود سه سال، نه تنها این موج بر عکس گردید و امارات، توسط لیدرهای ایرانی فتح شد، بلکه در همهٔ کشورهای همسایه، فقط شاخه‌هایی که توسط لیدرهای ایرانی هدایت می‌شدند، توانستند به فروش خود ادامه دهند. البته این موفقیت، به کشورهای همسایه ختم نشد و تیم‌های فروشِ تحتِ نظارتِ لیدرهای ایرانی از یک سو تا آفریقای جنوبی و از سوی دیگر تا هند، مالزی و استرالیا پیشروی نمودند.

بنابراین، می‌توان این‌گونه نتیجه‌گیری نمود که در حال حاضر ایران که طی پانزده سال گذشته برای تجربهٔ این صنعت، هزینه‌ای چند میلیارد دلاری را پرداخت نموده است، در زمینهٔ صنعت بازاریابی شبکه‌ای، کاملاً بر بازار منطقه تسلط داشته و بازارِ منطقه از ایران تبعیت می‌نماید. در نتیجه، زمان آن فرا رسیده است که با استفاده از این تجربه‌ها به کسب ثروت در این صنعت بپردازد.

۹.۴- نقاط قوت و مزایای صنعت بازاریابی شبکه‌ای

حال که با پتانسیل اقتصادی این صنعت آشنا شدیم، خالی از لطف نیست که مزایای دیگر آن را نیز بررسی نماییم. البته، در فصل‌های گذشته به صورت پراکنده به برخی از مزایای این صنعت، همچون ایجاد بستری برای تبدیل دانایی به ثروت،[۱۳۳] امکان فعالیت در خانه[۱۳۴] با زمان شناور،[۱۳۵] آمادگی برای تشخیص و مواجهه با تغییرات،[۱۳۶] بازگرداندن اقتدار به بنیان خانواده،[۱۳۴] ایجاد یک جامعهٔ پویا،[۱۳۷] تعریف مجدد بازار،[۱۳۸] توانایی ترویج فرهنگ تولید برای مصرف شخصی به جای وابسته بودن به بازار،[۱۳۹] وارد کردن مشتری به چرخهٔ تولید،[۱۴۰] جمع‌آوری داده‌های مشتری‌ها، پخش‌کننده‌ها و کالاهای مصرف شده، تبدیل آن به دانایی و تولید ارزش افزوده،[۱۴۱] تأثیر در مبارزه با بیکاری[۱۴۲] و موارد دیگر اشاره گردید. البته این صنعت، مزایای دیگری را برای اجتماع و کشورها به همراه دارد که برخی از آن‌ها با شرح زیر می‌باشند:

۹.۴.۱- مبارزه با استعمار و استثمار مدرن

همان‌طور که در قبل[۱۴۳] اشاره شد، به نظر می‌رسد، یکی از روش‌های مؤثر برای این مبارزه، از یک سو ایجاد فرهنگِ «تولید و مصرفِ محصولاتِ بومی» است و از

---

۱۳۳ مراجعه شود به بخش ۸.۲.۲.۳- دوم، ایجاد جریان دانایی، صفحهٔ ۱۷۳
۱۳۴ مراجعه شود به بخش ۵.۴.۲- نظام جدید خانواده و کلبهٔ الکترونیک، صفحهٔ ۷۷
۱۳۵ مراجعه شود به بخش ۵.۳.۲.۱- زمان شناور، صفحهٔ ۶۹
۱۳۶ مراجعه شود به بخش ۵.۴.۱.۱- تأثیر افزایش شتاب تغییرات، صفحهٔ ۷۴
۱۳۷ مراجعه شود به بخش ۷.۲.۶- جامعهٔ پویای موج سومی، صفحهٔ ۱۵۸
۱۳۸ مراجعه شود به بخش ۷.۲.۴- تعریف مجدد بازار، صفحهٔ ۱۵۵
۱۳۹ مراجعه شود به بخش ۵.۴.۴- افزایش تولید، برای مصرف شخصی، صفحهٔ ۸۲
۱۴۰ مراجعه شود به بخش ۵.۴.۶.۱- ورود مشتری به چرخهٔ تولید، صفحهٔ ۹۲
۱۴۱ مراجعه شود به بخش ۶.۹.۳- جابه‌جایی قدرت در تجارت، صفحهٔ ۱۳۰
۱۴۲ مراجعه شود به بخش ۶.۱۰.۲.۲- مبارزه با بیکاری، صفحهٔ ۱۴۰
۱۴۳ مراجعه شود به بخش ۶.۴.۲- مبارزه با استثمار، صفحهٔ ۱۱۰

سوی دیگر، رواج شیوهٔ «تولید برای مصرف شخصی». بنابراین، دولت‌ها باید بهترین و پر ابتکارترین کالاهای تولیدی خودشان و مولدترین شیوه‌های توزیع و مصرف را مورد تشویق قرار داده و همچنین، به جای تشویق کشاورزان برای مهاجرت به شهرها و پیوستن به کارخانه‌های عظیم، بر توسعهٔ روستایی تأکید نمایند. اما مشکل این‌جاست که چگونه؟

در این راه، استفاده از دو عنصر خشونت و ثروت، اثری نخواهد داشت. همچنین، تبلیغاتِ مستقیم نیز، تأثیری به سزایی نخواهد داشت. زیرا **اول**، فارغ از حجم تبلیغات دولت‌ها، باز به دلیل تمرکز امکانات در شهرها و امکان درآمدزایی بالاتر برای شهرنشینان، روال مهاجرت به شهرها و زندگی متراکم شهرنشینی ادامه خواهد داشت و **دوم**، آن تبلیغات، در مقابلِ حجمِ عظیمِ تبلیغاتِ جهانیِ شرکت‌هایِ فراملیتی، که به شکل مستقیم، غیرمستقیم، تشویق کننده و تحریک کنندهٔ می‌باشند، بی‌اثر خواهد بود.[۱۴۴] دلیل این موضوع نیز، کاملاً واضح و مشخص است. زیرا، زمانی که سطح دانایی مردم و جامعه ثابت باشد، به شدت در مقابل تبلیغات آسیب‌پذیر بوده و می‌توان آن‌ها را به راحتی فریب داد و از نیازهای آن‌ها سوء استفاده نمود.

بنابراین، تنها شانس دولت‌ها، در نظر گرفتن برنامه‌های آموزشیِ میان مدت و بلند مدت در جهت بالا بردن سطح دانایی مردم و ایجاد فرهنگ «تولید و مصرفِ محصولاتِ بومی و تولید برای مصرف شخصی» خواهد بود. اما، چنین برنامه‌هایی هزینه‌های هنگفتی داشته و ممکن است به بار نشستن آن، ده‌ها سال طول بکشد. برای روشن‌تر شدن این موضوع، می‌توان چنین برنامه‌ای را با نهضت سوادآموزی مقایسه نمود:

۱۴۴ مراجعه شود به بخش ۶.۴.۱- نقش دولت‌های موج دومی در استثمار شدن، صفحهٔ ۱۰۸

با وجود این‌که هیچ عامل خارجی، علیه نهضت سوادآموزی وجود ندارد، به این معنی که در دنیا هیچ‌گونه تبلیغات مستقیم یا غیرمستقیمی برای ترویج بی‌سوادی انجام نمی‌پذیرد، "این نهضت، در ایران توانسته است، ظرف مدت سی سال، نرخ با سوادی را سی و پنج درصد افزایش دهد. البته هنوز نزدیک به ۱۰ میلیون نفر، یعنی چیزی حدود پانزده درصد از جمعیت کشور بی‌سواد هستند. بودجهٔ این طرح، تنها در سال ۱۳۹۳ مبلغ ۲۵۰ میلیار تومان بوده است."[۱۴۵]

با توجه به این دو نکته که **اول**. در مقابل نهضت سوادآموزی هیچ واکنش منفی وجود ندارد، اما در مقابل فرهنگ «تولید و مصرف محصولات بومی و تولید برای مصرف شخصی»، شرکت‌های فراملیتی، بی‌وقفه مشغول سرمایه‌گذاری و فعالیت هستند و **دوم**. ایجاد چنین فرهنگی بسیار خطیرتر و پیچیده‌تر از سوادآموزی است، می‌توان نتیجه گرفت که برای ساخته شدن این فرهنگ توسط دولت‌ها، به سال‌ها زمان و میلیاردها دلار هزینه نیاز خواهد بود.

در حقیقت، به همین دلیلِ هزینهٔ سنگین و زمان طولانی، امروزه، برای دولت‌ها به صرفه نیست تا برخی از مشکلات را در سطح ملی حل نموده و بنابراین، از شیوهٔ تمرکززدایی استفاده کرده و راه حل‌های آن را به سطح فراملی یا سطوح شرکت‌ها و مردمی می‌سپارند.[۱۴۶]

با یک برنامه‌ریزی صحیح و هدفمند، هر نت‌ورکر در مقام یک سرباز وطن‌پرست به مبارزهٔ تن به تن با شیوهٔ نوین استعمار پرداخته و در اشاعه و اجرای این فرهنگ خواهد کوشید.

---

۱۴۵ منابع: www.salamatnews.com/news/۱۱۵۴۸۷ و www.isna.ir/fa/news/۹۳۰۱۲۷۱۰۶۵۳

۱۴۶ مراجعه شود به بخش ۶.۹.۱- جابه‌جایی در قدرت در بعد کلان، صفحهٔ ۱۲۷

در نتیجه، اگر ترویج فرهنگ «تولید و مصرف محصولات بومی و تولید برای مصرف شخصی» به سطح شرکت‌ها و مردم سپرده شود و در دستور کار نت‌ورکرها قرار گیرد، ان‌شاءا... در یک دورهٔ کوتاه مدت – بین ۵ تا ۷ سال – نتایج این طرح آشکار خواهد گردید.[۱۴۷]

۹.۴.۲- آموزش روال کسب ثروت در سطح جامعه

امروزه، در دانشگاه‌ها و سطوح عالی آموزشی، علم کسب درآمد و ثروت در اغلب رشته‌ها، آموزش داده نمی‌شود. این وظیفهٔ تک‌تک افراد است که به صورت تجربی، روش تبدیل دانایی کسب شده از دانشگاه را به ثروت بیاموزند.[۱۴۸] در حالی که آموزش‌های بازاریابی شبکه‌ای، به صورت متمرکز مربوط به کسب درآمد و ثروت می‌باشد. بنابراین، اشخاص به جای صرف سال‌های گران‌بهای عمر خود و پرداخت هزینهٔ هنگفتِ «کسب تجربه»، می‌توانند در این صنعت، دانایی مورد نیاز، جهت تولید ثروت را ظرف چندین ماه بیاموزند.

۹.۴.۳- ایجاد فرهنگ مسئولیت‌پذیری و کارآفرینی[۱۴۹]

در یک جامعهٔ موج دومی، با فرهنگ موج دومی، مسئولیت، توقع‌ها و خواسته‌ها متوجه دولت‌ها بوده و نبود شغلِ مناسب، در سطحِ توقعِ افراد – کارهای فکری و خدماتی با زحمت کم و درآمد بالا – باعث بالا بودن آمار کم‌کاری و بیکاری می‌گردد. اشخاص زیادی در جامعه، به صورت سرگردان حضور دارند که زمان آزاد زیادی داشته و می‌توانند این صنعت را حداقل به عنوان یک حرفهٔ جانبی

۱۴۷ تخمین دورهٔ ۵ تا ۷ ساله، طبق تجربیات نویسندهٔ کتاب انجام شده و منبع دیگری ندارد.
۱۴۸ مراجعه شود به بخش ۷.۱.۴- جامعهٔ ایستای موج دومی، صفحهٔ ۱۵۰
۱۴۹ مراجعه شود به بخش ۶.۱۰.۲.۲- مبارزه با بیکاری، صفحهٔ ۱۴۰

محک بزنند. البته، افراد، بعد از جذب شدن در یک شبکهٔ سالم و اصولی، با آموزش‌های صحیح، تبدیل به افرادی خواهند گردید که **اول**، خود را مسئول داشته‌ها و نداشته‌های خود دانسته و از خانواده، شخص یا ارگان دیگری، توقعی ندارند و بنابراین، **دوم**، تبدیل به انسان‌های مسئولیت‌پذیر و سخت‌کوشی برای کسب ثروت و رسیدن به اهداف خود و اجتماع خواهند گردید.[۱۵۰]

۹.۴.۴- فرصتی یکسان برای بروز استعدادها

همان‌طور که گفته شد، تنها سرمایهٔ لازم جهت انجام تجارت بازاریابی شبکه‌ای دانایی می‌باشد. بنابراین، برخلاف هر شغل یا تجارت دیگری که عوامل خارجی بی‌شماری، همانند نگرش قدیمیِ خودخواهانه یا جاهلانهٔ همکاران یا مدیران، پایین کشیده شدن توسط آن‌ها،[۱۵۱] عادلانه رفتار نمودن رقبا، میزان سرمایه، نفوذ، روابط فردی و اجتماعی و مواردی از این قبیل، تعیین کنندهٔ درصد موفقیت افراد است، در این تجارت، یگانه عامل موفقیت یا شکست هر فرد، خودش می‌باشد. بنابراین، این صنعت به منزلهٔ فرصتی یکسان و برابر برای کلیهٔ افراد جامعه بوده و همه، این شانس را دارند که مستقل از عوامل خارجی و با تکیه بر استعدادهای خود به موفقیت‌های مادی و شخصیتی برسند.

نتیجهٔ این امر در بعد کلان، پرورش نخبگان و کارآفرینانی – بدون هیچ هزینه‌ای برای دولت‌ها – است که فرصت ظهور پیدا نموده و می‌توانند در مسائل فرهنگی و اقتصادی کشور خود، تأثیرات مثبت قابل توجهی داشته باشند.

---

۱۵۰ مراجعه شود به بخش ۵.۴.۲.۱- شخصیت‌های موج سومی، صفحهٔ ۷۸
۱۵۱ مراجعه شود به بخش ۷.۳- جایگاه رقابت در فرهنگ موج سوم، صفحهٔ ۱۵۹

۹.۴.۵- جایگزینی مناسب برای کلاه‌برداری هرمی

عدم قدرت تمیز کلاه‌برداری هرمی، از بازاریابی شبکه‌ای، توسط افراد غیرمتخصص، نقطهٔ ضعف اصلی بازاریابی شبکه‌ای می‌باشد. روش‌های کلاه‌برداری هرمی،[۱۴] یکی از معضلاتی است که در سال‌های اخیر دامن‌گیر بازار سرمایه و خرده فروشی گشته است و به دلیل شباهت زیادش به بازاریابی شبکه‌ای توانسته است، مشکلاتی را در سطح اجتماع به بار آورد. بهترین راه برای مبارزه با آن‌ها، گسترش بازاریابی شبکه‌ای سالم می‌باشد. زیرا این صنعت، علاوه بر داشتن جاذبه‌های سیستم‌های هرمی، همانند درآمد بالا، با آموزش‌های متمرکز خود باعث افزایش سطح آگاهی جامعه و ایمن شدن در برابر این نوع کلاه‌برداری‌ها خواهد شد.

همچنین، مزیت نسبی این صنعت نسبت به کلاه‌برداری هرمی، وجود و خرید محصولات مصرفی است. بنابراین، افراد در بدترین حالت چیزی را از دست نداده و متضرر نمی‌شوند.[۱۵۲]

۹.۴.۶- ایجاد شبکهٔ مدرن توزیع مویرگی

یکی از مباحث داغ در امر بازاریابی و فروش، ایجاد شبکه‌های توزیع مویرگی است. یکی از تعاریف توزیع، رساندن محصول مناسب در زمان و مکان مناسب به مشتری است و توزیع مویرگی، یعنی رساندن محصول تا آخرین لایهٔ فروشنده‌ها. به جرأت می‌توان ادعا نمود که مؤثرترین، موفق‌ترین و بهترین روش برای ایجاد یک شبکهٔ توزیع مویرگی، استفاده از بازاریابی شبکه‌ای می‌باشد زیرا:

---

۱۵۲ مراجعه شود به بخش ۶.۱۰.۱- مفهوم باخت، صفحهٔ ۱۳۵ و بخش ۷.۲.۵- باخت موج سومی، صفحهٔ ۱۵۷

- این صنعت، بهترین روش برای پیگیری و جمع‌آوری داده‌های مشتری‌ها، پخش‌کننده‌ها و کالاهای مصرف شده، تبدیل آن داده‌ها به دانایی و تولید ارزش افزوده می‌باشد.[۱۵۳]

مزیت ایجاد شبکه‌های مدرن توزیع مویرگی از طریق صنعت بازاریابی شبکه‌ای، قدرت گرفتن شبکه‌های توزیع محلی و مقاوم شدن آن‌ها در برابر هجوم شرکت‌های فراملیتی می‌باشد که به عنوان تهدیدی جدی در پشت مرزهای اقتصادی کشورهای خاورمیانه کمین کرده‌اند. تقویت شبکه‌های توزیع محلی، خود به معنی ایجاد امنیت و تضمین شغلی، برای صنعتگران و تولیدکنندگان داخلی است. بنابراین، در یک کلام، گسترش بازاریابی شبکه‌ای به معنی محافظت از صنایع بومی، صنعتگران و تولیدکنندگان کشورها می‌باشد.

۹.۴.۷- اشتغال‌زایی

یکی از نتایج تولید ثروت از دانایی،[۱۵۴] کاهش هزینه‌های دولت در ایجاد مشاغل جدید می‌باشد، زیرا انتقال دانایی به خودی خود، هیچ هزینه‌ای ندارد. از طرف دیگر، از یک سو، شروع این تجارت برای افراد هزینهٔ اندکی داشته و از سوی دیگر، داناییِ مورد نیاز برای انجام این تجارت، در خود شبکه و توسط فروشنده‌های باتجربه‌تر و قدیمی‌تر به نحو احسن آموزش داده می‌شود و لازم نیست که اشخاص قبل از شروع، این دانایی را کسب کنند.

البته، سابقه و تجربهٔ بازاریابی شبکه‌ای در خاورمیانه نیز نشان داده است که مردم این منطقه، به این شیوهٔ فروش بسیار علاقمند بوده و توانایی زیادی

---

۱۵۳ مراجعه شود به بخش ۶.۷- ثروت و سرمایه، صفحهٔ ۱۲۱
۱۵۴ مراجعه شود به بخش ۶.۹.۳- جابه‌جایی قدرت در تجارت، صفحهٔ ۱۳۰ و بخش ۵.۴.۶.۱- ورود مشتری به چرخهٔ تولید، صفحهٔ ۹۲

برای انجام این نوع تجارت دارند. بنابراین، این صنعت می‌تواند در یک دورهٔ پنج تا هفت ساله، هزاران فرصت شغلی جدید ایجاد نماید.

۹.۴.۸- حمایت از تولیدات داخلی

به نظر می‌رسد، یکی از موانع موجود برای صادرات غیرنفتی کشورهای منطقه، عدم وجود شبکه‌های مناسب صادرات و پخش محصولات در کشورهای دیگر می‌باشد. در این میان، افرادی که موفق به صادرات محصولات داخلی به صورت فلّه، به کشورهای دیگر شده‌اند، با وجودِ فروشِ ارزانِ کالاهایِ محلی، باز هم سود خوبی کسب نموده‌اند. استفاده از سیستم توزیع بازاریابی شبکه‌ای، علاوه بر این‌که مشکل صادرات و پخش تولیدات محلی را در خارج از کشور مرتفع می‌نماید، با حذف واسطه‌ها از یک سو، باعث افزایش قیمت خرید کالاها از تولید کنندگان شده که خود این مسئله، باعث افزایش کمیت و کیفیت تولیدات داخلی خواهد گردید، و از سویِ دیگر امکان فروش محصولات به قیمت بیشتر و بنابراین، کسب سود بیشتر را فراهم می‌آورد.

۹.۴.۹- کاهش هزینه‌ها و افزایش راندمان اقتصادی

همان‌طور که گفته شد، **اول**، استفاده از چهارچوب‌های موج سومی و قوانینی مانند استانداردزدایی و بیشینه‌زدایی،[۱۵۵] باعث کاهش هزینه‌های تولید و توزیع، همانند هزینه‌های انبارداری و هزینه‌های حمل و نقل می‌گردد. **دوم**، حذف واسطه‌ها، خود باعث مزایای زیر می‌گردد:

- کاهش زمان بازگشت سرمایه به سمت تولیدکننده و توزیع‌کنندهٔ اصلی.

---

۱۵۵ مراجعه شود به صفحهٔ ۶۵

- کاهش هزینه‌های تبلیغاتی.
- کاهش حجم تبلیغات گمراه‌کننده‌ای که باعث هدر رفتن زمان مشتری‌ها می‌گردد.[۱۵۶]

بنابراین، این صنعت می‌تواند با کاهش هزینه‌های مادی و صرفه‌جویی در زمان تولیدکنندگان و مصرف‌کنندگان، باعث افزایش بهره‌وری و راندمان اقتصادی کشورها گردد.

۹.۴.۱۰- تمرکز سود در داخل کشور

به دلیل شیوهٔ توزیع سود خرده فروشی در این صنعت[۲۰] و همچنین به دلیل استراتژیِ فروشِ زیاد با سودِ اندک به جای فروشِ اندک با سودِ زیاد، حتی اگر شرکتی منشأ خارجی نیز داشته باشد، باز عمدهٔ سود حاصل از چرخهٔ فروش آن، نصیب بازاریابان شرکت‌ها شده و بنابراین در داخل کشور باقی خواهد ماند.

از طرف دیگر، درصورتی‌که کشوری بتواند، بخشی از بازار خرده فروشی کشورهای همسایهٔ خود را تصرف نماید، سودِ فروشِ محصولاتِ خود را برای چند دهه تضمین نموده است.

۹.۴.۱۱- توزیع همگن و عادلانهٔ سود در اجتماع

اول. توزیع، نسبت به تلاش و فعالیت، نه سرمایه و جایگاه اجتماعی

یکی دیگر از نتایج تولید ثروت از دانایی در این صنعت، توزیع سود بر اساس میزان فعالیت افراد می‌باشد، نه بر اساس جایگاه اقتصادی، اجتماعی یا سیاسی آن‌ها. بنابراین، نه تنها سود و ثروت حاصل از چرخهٔ فروش کالاها در دست

۱۵۶ مراجعه شود به بخش ۶.۶.۲.۱- آلودگی اطلاعات!، صفحهٔ ۱۱۷

عده‌ای خاص از سرمایه‌داران جمع نمی‌شود، بلکه، این سود به صورت عادلانه، بین بازاریاب‌های فعال و به صورت گسترده پخش خواهد گردید.

دوم. توزیع. نسبت به سطح دانش

معمولاً افرادی که در سنین جوانی، به جای رفتن به دانشگاه، جذب بازار کار می‌گردند، با وجود علم و دانش کمتر، اغلب در کسب ثروت و درآمدزایی موفق‌تر عمل می‌کنند. در بُعد کلان، این مسئله، یکی از دلایل اصلی جمع شدن ثروت، در دستان قشری از جامعه است که دارای سطح علمی کمتری می‌باشند. درحالی‌که یکی دیگر از نتایجِ تولیدِ ثروت از دانایی، بالاتر بودن درآمد افرادی است که علم و دانش بیشتری دارند. بنابراین، این صنعت باعث می‌گردد تا وزن توزیع ثروت به نفع قشر تحصیل‌کرده، تغییر نماید.

۹.۴.۱۲- تأثیرهای مثبت فرهنگی

اول. کاهش اختلاف طبقاتی

هم‌اکنون، نحوهٔ توزیع ثروت در جامعه به صورت هرمی است. یعنی در هر تجارتی، عمدهٔ سودِ به دست آمده، سهم صاحبان سرمایه و افراد با نفوذ بوده و اندکی از سود، بین کارگران، کارمندان و بازاریابان پخش می‌گردد که این امر باعث ایجاد اختلافات طبقاتی در جامعه‌ها شده است. اما، با کمک گسترش این صنعت، می‌توان روال توزیعِ هرمیِ ثروت را به یک روال توزیع همگن سود، تغییر داد و به این روش تأثیر عامل مادی در ایجاد اختلاف طبقاتی را تا حد زیادی کاهش داد و باعث کاهش اختلاف طبقاتی در سطح جامعه گردید.

دوم. کاهش تضادها در جامعه

قدرت شبکهٔ فروش این مدل تجارت به حدی است که می‌تواند، افراد مختلف از

احزاب مختلف را دور هم جمع نماید. از آن‌جایی که همهٔ افرادِ یک تیمِ فروش، دارای هدفی واحد بوده و آن هدف، گسترش و تقویت تیم خود از طریق کمک و آموزش دیگران می‌باشد، فروشنده‌ها، فارغ از هر گونه مذهب، دیدگاه سیاسی یا نگرش اقتصادی، همراه و هم‌دوش یکدیگر، برای رسیدن به آن هدف، تلاش نموده و تیم‌های یکدیگر را در کلیهٔ مراحل این تجارت از جلسات پرزنت گرفته تا برگزاری جلسات آموزشی یاری می‌نمایند.

این همکاری‌ها، باعث ایجاد دوستی‌های عمیق بین اعضاء به ظاهر غیرهم‌گون تیم‌های فروش گشته، قضاوت‌های کهنه و کینه‌های بی‌اساس افراد را از میان برده و در نهایت، باعث ایجاد یک فضای مثبت و سازنده، در سطح اجتماع و کشور می‌گردد.

سوم. افزایش سطح دانش و فرهنگ اجتماع

یکی دیگر از نتایج تولید ثروت از دانایی در این صنعت، وادار نمودن افراد به تحقیق و مطالعه، جهت کسب دانایی جدید به صورت مستمر می‌باشد. این مسئله، باعث افزایش سطح آگاهی عمومی جامعه خواهد گردید.[۱۵۷]

۹.۵- جمع‌بندی

۱- پتانسیل خرده فروشیِ صنعت بازاریابی شبکه‌ای در خاورمیانه بیش از ۳۰ میلیارد دلار در سال می‌باشد.

۲- اگر بخواهیم، وضعیت بازاریابی شبکه‌ای را در ایران تحلیل نماییم، می‌توان ادعا نمود:

۲.۱. امنیت در ایران، جمعیت بالای آن و داشتن تجربهٔ این صنعت، از نقاط

۱۵۷ مراجعه شود به بخش ۸.۲.۲.۴- سوم، شیوهٔ کسب دانایی، صفحهٔ ۱۷۴

قوت ایران می‌باشد.

۲.۲. نبود بسترهای مورد نیاز این صنعت و تشابه آن با شرکت‌های هرمی از نقاط ضعف بازاریابی شبکه‌ای در ایران می‌باشد.

۲.۳. تحریم‌های ایران از یک سو و اشباع نشدن بازارهای خاور دور، آفریقا، اروپا و آمریکا از سوی دیگر، از فرصت‌های موجود می‌باشند.

۲.۴. حجم دانایی و سرمایهٔ شرکت‌های فراملیتی، تهدیدی جدی محسوب می‌شود. همچنین، کشورهای ترکیه و امارات متحدهٔ عربی در این زمینه تهدیدهای بالقوه‌ای برای ایران می‌باشند.

۳- هم‌اکنون، درک اهمیت ایجاد بسترهای مذکور با نگرش مناسب، از روش‌های مناسب و همچنین استراتژی حمایت از کارآفرینان داخلی که دانایی ارزش‌مندی در زمینهٔ بازاریابی شبکه‌ای دارند و به خدمت گرفتن آن‌ها، تعیین کنندهٔ میزان موفقیت ایران در بهره‌مندی از مزایای مادی و معنوی این بازار خواهد بود.

۴- بازاریابی شبکه‌ای در بعد کلان، ابزاری بالقوه است، برای مبارزه با استعمار و استثمار مدرن، ایجاد فرهنگ مسئولیت‌پذیری و کارآفرینی، زمینه‌ای برای بُروز استعدادها، ایجاد شبکه‌های مدرن توزیع مویرگی، اشتغال‌زایی، حمایت از صنایع و تولیدکنندگان داخلی، افزایش بهره‌وری، جلوگیری از هدر رفتن و خروج سرمایه از کشور، توزیع همگن و عادلانهٔ سود، ایجاد جریان دانایی و حرکت به سمت یک جامعهٔ پویای موج سومی.

۱۰- فرصت طلایی

در این فصل، بازاریابی شبکه‌ای به عنوان یکی از راه‌های کم هزینه، اما پر بازده برای ورود به دنیای فردا بررسی می‌گردد.

اکنون که با پتانسیل‌های عظیم بازاریابی شبکه‌ای آشنا شده‌ایم، می‌توان آن را به عنوان یکی از بهترین راه حل‌های موجود در جهت افزایشِ شتابِ حرکت به سمت یک جامعۀ قدرتمندِ مدرن و کاهش هزینه‌های این تغییر معرفی نمود. به این منظور، ابتدا لزوم همسو شدن با تغییرات یادآوری شده و سپس، جهت، خط مشی و مسیر این روند، طرح و بررسی می‌گردد.

۱۰.۱- یادآوری لزوم همسو شدن با تغییرات

برخی از مردم که نیم نگاهی به آینده دارند، در خیال خود، برای تغییراتی در آینده‌ای دور آماده می‌گردند. غافل از این‌که عصر کشاورزی ۱۰ هزار سال طول کشید و عصر صنعت حدود ۳۰۰ سال. معلوم نیست که عصر الکترونیک چند سال دیگر ادامه داشته باشد، ۱۰ یا ۲۰ سال؟

بنابراین، اگر مطالب گفته شده راجع به آینده و تأثیرات آن را نادیده انگاریم، به زودی با پیدایش موج چهارم، یعنی زمانی که تعاریفِ مفاهیمِ کلیدی،

مانند قدرت، سرمایه یا پیشرفت، موفقیت، کار و توسعه،[۱۵۸] بار دیگر دگرگون می‌شوند، به دلیل عدم تشخیص تغییرات، آماده نبودن برای آن‌ها و نشناختن و نداشتن ابزار مورد نیاز، به عنوان دولت‌ها، در گردابِ آشوبِ تقابلِ موج جدید و سه موج قبلی غرق گشته و به عنوان افراد، در مواجهه با حوادثی عجیب و غیرقابل پیش‌بینی، توان مبارزه و سرمایه‌های خود را از دست داده، سرخورده و افسرده گشته و با کوله‌باری از احساسِ شکست، ناتوانی و پشیمانی خانه‌نشین خواهیم شد.

به زبان دیگر، فقط کشورها و افرادی که جزو پیشتازان عصر الکترونیک و سوار بر موج سوم هستند، می‌توانند، مؤلفه‌های موج بعدی را تشخیص داده و با آن همراه گردند. کشورهایی که هنوز در عصر صنعت گیر افتاده و برنامهٔ جامعی برای پیوستن به موج سوم ندارند، به راحتی، دچار بحران شده و در چنگال ابرقدرت‌های استعمارگر گرفتار می‌گردند. به زبان ساده، آن‌ها از کشورهای توسعه‌یافته، عقب افتاده و برای بقاء، مجبور به پرداخت بهای فراوان، همانند صادرات منابع خود به قیمت ارزان و تبدیل شدن به بازار مصرف استعمارگران خواهند شد. کشورهای آفریقایی، نمونهٔ بارزی هستند که با وجودِ داشتن معادن فراوان و کانی‌های ارزش‌مند، در موج اول نگه داشته شده[۱۵۹] و در شرایطی نامساعد و ناامن، فقیرانه زندگی می‌کنند.[۱۶۰]

اما از طرف دیگر، اگر ساختار موج سوم، درست درک شود، می‌توان

---

۱۵۸ مراجعه شود به بخش ۶.۲- مفهوم پیشرفت، صفحهٔ ۱۰۴،
بخش ۶.۳- مفهوم موفقیت، صفحهٔ ۱۰۵، بخش ۶.۱۰.۲- تعریف کار، صفحهٔ ۱۳۶ و
بخش ۶.۱۱- توسعه، صفحهٔ ۱۴۰

۱۵۹ منبع (۱۳)

۱۶۰ با وجود این‌که آفریقا ۳۰٪ از منابع معدنی دنیا را به همراه درصد بالاتری از منابع الماس و فلزات قیمتی در اختیار دارد، مردم آن در فقر زندگی می‌کنند.
منبع www.iol.co.za مقالهٔ Africa is resource-rich but people stay poor

برای شکل بخشیدن و سامان دادن به تغییرات عظیم‌تری که پیش رو داریم، گام‌های عملی و موثر برداریم. یعنی، به جای آن‌که قربانی تغییرات شویم، به آن جهت بخشیم. حال، چگونه این عمل امکان‌پذیر می‌باشد؟

اولین اقدام، جهت همسو شدن با تغییرات و جهت بخشیدن به آن، تشخیص مسیر آن می‌باشد.

۱۰.۲- اول. جهت حرکت: خط مشی موج سوم

بعد از شکستِ ارزشی خط مشی موج دومی، [۱۶۱] روش جدیدی پیش گرفته شده است، که می‌توان ادعا نمود که نسخهٔ معکوس خط مشی موج دوم و در حقیقت یک خط مشی موج اولی است، زیرا، تأکید آن بر عواملی مانند بازگرداندن اقتدار به نظام خانواده[۱۶۲] و ایجاد دوبارهٔ فرهنگ تولید، برای مصرف شخصی است. [۱۶۳] اگر به اصول موج سوم[۱۶۴] مراجعه نماییم، ملاحظه می‌شود که این اصول بسیار شبیه اصول حاکم بر عصر کشاورزی است. بنابراین، می‌توان گفت که خط مشی موج سوم به زبان ساده، اضافه شدن عنصر دانایی و تأثیرات آن به همراه در نظر گرفتن مفاهیم پایه مانند پیشرفت، موفقیت، کار و توسعه در موج سوم[۱۵۸] به سبکِ زندگیِ موجِ اولی است.

---

۱۶۱ مراجعه شود به بخش ۴.۴.۴- زندگی بی‌روح ماشینی، صفحهٔ ۵۵

۱۶۲ مراجعه شود به بخش ۵.۴.۲- نظام جدید خانواده و کلبهٔ الکترونیک، صفحهٔ ۷۷

۱۶۳ مراجعه شود به بخش ۵.۴.۴- افزایش تولید، برای مصرف شخصی، صفحهٔ ۸۲ و بخش ۶.۴- تولید، نظام مالی و استثمار مدرن، صفحهٔ ۱۰۷

۱۶۴ مراجعه شود به بخش ۵.۳- اصول موج الکترونیک و کامپیوتر، صفحهٔ ۶۵

۱۰.۳- دوم. نقشهٔ راه

نقشهٔ راه و مسیر برای واحدهای موج دومی،[۱۶۵] کاملاً مشخص است. کافی است تا آن‌ها، اصول عصر الکترونیک[۱۶۴] و تبعات آن[۱۶۶] را بر ساختارِ بخش‌های موج دومی خود اعمال نمایند تا به راحتی دارای هویتی موج سومی گردند.

اما راه حل مناسب، برای واحدهایی که هنوز دارای بخش‌های موج اولی هستند چیست؟ آیا ابتدا باید تبدیل به یک واحد موج دومی شد و سپس، برای استفاده از مزیت‌های موج سوم اقدام نمود یا آیا راه میان‌بری نیز وجود دارد؟

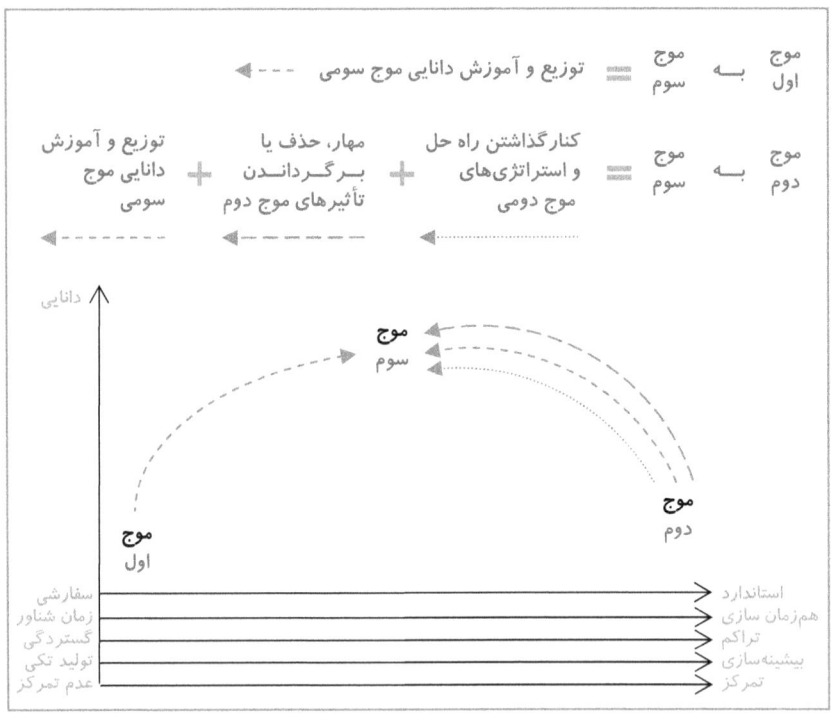

شکل ۱۴: نمودار هزینهٔ حرکت به سمت موج سوم

---

۱۶۵ هر خانواده، گروه، شرکت، سازمان، شهر، دولت یا هر واحد دیگری با هر اندازه‌ای، در درون خود دارای بخش‌ها، تفکرها، سیاست‌ها، راه‌حل‌ها و ابزار مختلف موج اولی، موج دومی یا موج سومی می‌باشد.

۱۶۶ مراجعه شود به بخش ۵.۴.۵- تعریف دوبارهٔ شرکت، صفحهٔ ۸۳

همان‌طور که در شکل بالا نشان داده شده است، خوش‌بختانه، این‌گونه واحدها نه تنها می‌توانند هویت خود را مستقیماً از یک ماهیت موج اولی، به ماهیت موج سومی ارتقاع بخشند، بلکه، به دلیل خط مشی موج سوم که یک خط مشیِ موج اولی است،[۱۶۷] می‌توانند بسیار سریع‌تر و کم هزینه‌تر از واحدهای رقیب موج دومی، این ارتقاء هویت را انجام دهند.

۱.۳.۰۱- فرصت طلایی

کشورها، شرکت‌ها یا واحدهایی که هنوز در بخش‌هایی از خود، دارای فرهنگ غالب موج اولی هستند، فرصتی طلایی دارند تا سریع‌تر و کم هزینه‌تر از رقبای موج دومی خود، به یک واحد موج سومی تبدیل گردند.

زیرا **اول**، به دلیل ماهیت سرمایهٔ موج سومی، انتقال آن به مردم، در سازمان‌ها و در کل به هرگونه واحدی، سریع‌تر، ارزان‌تر و سهل‌تر می‌باشد.

دوم، از هزینه‌های فراموش نمودن شیوه‌های موج دومی - خالی کردن فنجان ذهن – و از بین بردن نتایج آن‌ها[۱۶۸] خبری نخواهد بود.

زیرا، با وجود این‌که پیاده‌سازی قوانین موج دوم مانند تراکم، تمرکز و بیشینه‌سازی،[۱۶۹] برای گذر از موج اول به دوم، زمان‌بر و هزینه‌بر است. اما برای رفتن از موج دوم به موج سوم، هزینه‌های از بین بردن بیشینه‌سازی و تراکم‌زدایی، بسیار سنگین و سرسام‌آور خواهد بود. همچنین، به دلیلِ میل به قدرت طلبی در انسان‌ها و «ترس از کنترل شدن» یا «از دست دادن کنترل»،

---

۱۶۷ مراجعه شود به بخش ۱۰.۲- اول، جهت حرکت: خط مشی موج سوم، صفحهٔ ۱۹۹
۱۶۸ Unlearn & Undo
۱۶۹ مراجعه شود به بخش ۴.۱- شش اصل موج صنعت، صفحهٔ ۴۴

تمرکززدایی، نیز امری خطیر و زمان‌بر خواهد بود.

به عنوان نمونه، شهری را در نظر بگیرید با آپارتمان‌ها و آسمان‌خراش‌های سر به فلک کشیده که سمبل بیشینه‌سازی و تراکم موج دومی است. اکنون، اگر این شهر بخواهد ماهیت خود را به یک شهر مدرن موج سومی تغییر دهد، فقط یکی از اقدام‌های لازم، تخریبِ آپارتمان‌ها و آسمان‌خراش‌ها و تبدیل آن‌ها به ساختمان‌هایی دو، سه یا چهار طبقه می‌باشد. هزینهٔ این عمل، بسیار سنگین و تقریباً غیرقابل محاسبه بوده و عملاً، غیر ممکن می‌باشد. همچنین، یکی دیگر از اقدام‌های لازم جهت این تغییر هویت، ایجاد بافتِ گیاهیِ مورد نیاز یک شهر موج سومی می‌باشد. از آن‌جایی که هر نهال، برای رشد و تبدیل شدن به درختی تنومند به چندین سال زمان نیازمند است، این ایجاد بافت گیاهی، خود ده‌ها سال زمان خواهد برد! در مقابل، شهری با ساختاری قدیمی، خانه‌هایی کم ارتفاع و کوچه‌هایی پر از گل و درخت را تصور نمایید. این شهر برای تغییر ماهیت به یک شهر مدرن موج سومی، فقط، نیازمند زیرساخت‌های ارتباطی و تکنولوژیکی به همراه الگوهای زندگی، کار و تجارت موج سومی می‌باشد که در مقایسه با حالت قبل به راحتی قابل دست‌یابی است.

به زبان دیگر، اغلب ساختارهای موج دومی به دلیل تراکم و تمرکز بالا، در پیچیدگیِ خود گرفتار گشته و قابلیت تبدیل شدن به واحدهای موج سومی را ندارند. در مقابل، ساختارهای موج اولی به راحتی می‌توانند روند ارتقاء هویت خود را طی نمایند.

به عنوان مثالی دیگر، شرکتی را با فرهنگ غالب موج اولی تصور نمایید که در آن، هستهٔ شرکت، طبق روابط شکل گرفته است. کارمندان این شرکت، چه در زمان اداری و چه بعد از آن، زمان زیادی را با یکدیگر گذرانده، مدام در

حال گپ زدن – تبادل دانایی – راجع به کار، تجارت، مسائل خانوادگی، تفریحات و غیره هستند. از سوی دیگر، به همان دلیلِ غالب بودن روابط بر ضوابط، افراد به انجام کارها و به نتیجه رساندنِ آن‌ها متعهد هستند تا به رفت و آمد سر وقت.[۱۷۰] همچنین، آن‌ها اجازه دارند، بخشی از کارهای خود را در خارج از محل کار انجام دهند.[۱۷۱] کافی است چنین شرکتی، بتواند بر اساسِ اصولِ موج سوم،[۱۷۲] بخش فروش و خدمات پس از فروش خود را نظام ببخشد تا تبدیل به یک شرکت پویا و قدرتمند موج سومی گردد. اما در مقابل، سازمانی موج دومی را تصور نمایید که به دلیل نحوهٔ برخوردش با هر پدیده‌ای، بعد از صرف زمان و هزینهٔ فراوان، در کش و قوس تحقیق‌ها و جلساتی راجع به شیوه‌های مدرن مدیریت، راهبری، خدمات پس از فروش و غیره، در نهایت به این نتیجه می‌رسد که برخی اقدام‌ها را لحاظ کند. سپس، در طول زمان و از طریق مدیران ارشد و میانی – یعنی با استفاده از یک استراتژی موج دومی – سعی در پیاده‌سازی و رواج بعضی از شیوه‌ها و راه‌حل‌های موج سومی می‌نماید.

به همین دلیل است که با وجود این‌که در چند دههٔ گذشته، خصوصی سازی، یکی از شعارهای انتخاباتی اغلب نامزدهای ریاست جمهوری در سرتاسر دنیا بوده است، باز در عمل، این اتفاق، هنوز در بعضی از کشورها نیفتاده است. زیرا در حقیقت، سازمان‌های موج دومی به دلیل پیچیدگی، ایستایی و مقاومت زیاد، در روند تغییر ماهیت خود، کندتر از حلزون‌ها حرکت می‌کنند.

بنابراین، شاید امروزه، اِعمال سفارشی کردن – فراتر از استاندارد – در

۱۷۰ مراجعه شود به بخش ۵.۳.۲.۱- زمان شناور، صفحهٔ ۶۹
۱۷۱ مراجعه شود به بخش ۵.۴.۲- نظام جدید خانواده و کلبهٔ الکترونیک، صفحهٔ ۷۷
۱۷۲ مراجعه شود به بخش ۵.۴- تبعات اصول جدید موج سومی، صفحهٔ ۷۳

جوامع نیمه موج دومی،[۱۷۳] کمی دیر و هزینه‌بر باشد. اما خوش‌بختانه هنوز، تمرکز و تراکم در این جامعه‌ها به صورت کامل پیاده‌سازی نشده و جا نیفتاده است. بنابراین، آن‌ها با هزینه‌ای کم‌تر و سرعتی بیشتر، می‌توانند به سمت موج سومی شدن حرکت کنند.

۱۰.۴- سوم. انتخاب ابزار. ابزاری ارزش‌مندتر از الماس

اگر سیر پیدایش و گسترش بازاریابی شبکه‌ای را بررسی نماییم، درمی‌یابیم که این صنعت در کشورهای صنعتی و در آستانهٔ ورود به عصر الکترونیک، وارد آن‌ها گشته است و با وجود تفاوت قوانین حاکم بر این شیوهٔ تجارت و آن کشورهای صنعتی، باز، به سرعت رشد نموده و گسترش یافته است.

از سوی دیگر، این صنعت به دلیل دنبال نمودن خط مشیِ موج سوم که خود، یک خط مشی موج اولی است، این قابلیت را دارد که به سرعت وارد کشورهای نیمه موج دومی[۱۷۳] شده و چندین برابرِ سرعتِ معمولِ خود، رشد نماید. به این ترتیب، این صنعت، فرصتی بالقوه برای کشورهای حوضهٔ خاورمیانه محسوب گشته و با یک برنامه‌ریزی هدفمند، می‌تواند در روند تبدیل آن‌ها به کشورهای توسعه‌یافته و قدرتمند در منطقه و دنیا، نقشی اساسی ایفا نماید.

دور از ذهن نیست، اگر در نظر بگیریم که طی یک دورهٔ ۵ تا ۷ ساله، حدود ۵۰۰ هزار نفر در این نوع تجارت فعال شوند. به این معنی که تحت آموزش‌های این صنعت – همانند اشاعهٔ فرهنگ «تولید و مصرف محصولات بومی

۱۷۳ منظور، جوامعی است که در دوران صنعتی به سر برده، اما بخشی از واحدهای آن دارای فرهنگ موج اولی بوده و در تقابل بین سه موج، گرفتار مانده‌اند.

و تولید برای مصرف شخصی»^{۱۷۴} – قرار گرفته و قابلیت انتقال آن را پیدا نمایند.

از سوی دیگر، امروزه، هر شخصی بر گروهی از نزدیکان و همکاران خود تأثیرگذار است و شاید بتوان گفت، هر کس به طور متوسط بر گروهی ۱۰ نفری نفوذ دارد. بنابراین، ظرف ۵ سال حدود ۵ میلیون نفر، به صورت مستقیم و غیرمستقیم از آموزش‌های مفید ارائه شده در این صنعت، بهره‌مند شده‌اند. این حرکت، یعنی آغاز فرهنگ‌سازی در بُعد کلان و در سطح اجتماع، آن هم بدون هزینه‌های هنگفت و سرسام آور برای دولت‌ها!

بنابراین، شاید بتوان ادعا نمود که نه تنها صنعت بازاریابی شبکه‌ای، انتخاب مناسبی در جهت توسعۀ سریع کشورهای کم توسعه یافته می‌باشد، بلکه، جزو معدود انتخاب‌های موجود آن‌ها است.

۱۰.۵- قطعۀ پایانی

لازم به یادآوری است که اگر روزی، تحریم‌ها علیه ایران برداشته شود و غول‌های تجاریِ خارجی، فرصت ورود به بازار ایران را پیدا کنند، به راحتی و به سرعت، بخش عظیمی از بازار مصرف را تصرف نموده و باعث لطمه خوردن به تولیدات و تجارت داخلی می‌گردند.^{۱۷۵} اما در همین زمان، بازاریابان شبکه‌ای، فرصتی بهتر و میدانی بزرگ‌تر برای فعالیت پیدا نموده و می‌توانند شبکه‌های فروش خود را بدون محدودیت در خاورمیانه، خاور دور، آفریقا و اروپا گسترش داده، علاوه بر کسب درآمد بیشتر و سهل‌تر برای خود، سود بیشتری را عاید

۱۷۴ مراجعه شود به بخش ۹.۴.۱- مبارزه با استعمار و استثمار مدرن، صفحۀ ۱۸۵
۱۷۵ مراجعه شود به بخش ۹.۲- فرصت‌ها، دلایل عدم توجه به بازار خاورمیانه، صفحۀ ۱۸۲، مورد سوم.

کشورشان نمایند.

بنابراین، در دورانی که به دلیل تقابل موج دوم و سوم، بسیاری از حرفه‌ها از بین رفته و برخی از تخصص‌ها بی‌ارزش می‌گردد، بازاریابان شبکه‌ای، مشغول به تجارتی متعلق به فردا بوده و نه تنها تقاضا برای آن‌ها کاهش پیدا نمی‌کند، بلکه، روز به روز، پتانسیل درآمدزایی آن‌ها افزایش پیدا می‌نماید.

البته، پتانسیل‌های این صنعت، به موارد ذکر شده محدود نمی‌گردد. علاوه بر موارد مذکور، با برنامه‌ریزی‌هایی مناسب و هدفمند می‌توان از گسترش این صنعت به نفع برخورد با بحران‌های محلی و مقطعی، همانند بحران کمبود آب یا انرژی، بهره‌مند گردید.

هم‌اکنون، موجی در حال اوج گرفتن و موج دیگری در حال فرو نشستن می‌باشد. انتخاب با ماست که سوار بر کدام یک باشیم تا به اوج برسیم یا نابود گردیم.

اگر موج دوم را انتخاب کنیم، هر چقدر هم که قدرتمند، باز محکوم به فنا و نابودی خواهیم بود. مواجه شدن شرکت‌هایی مانند، "جنرال موتورز" و "فورد"[۱۷۶] با ورشکستگی، نشانه‌ای بر افول دوران صنعتی و اخطاری برای ما در جهت انتخاب مسیری صحیح می‌باشد.

البته، نکتهٔ مهم‌تر، تعیینِ زمانِ اینِ تغییرِ هویت به موج سوم می‌باشد. همان‌گونه که کشورهایی که دیر به قطار موج صنعتی رسیدند، به جای بهره‌مند

۱۷۶ GM تأسیس در ۱۹۰۸ و Ford تأسیس در ۱۹۰۳، از غول‌های صنعتی و بزرگ‌ترین قدرت‌های بلامنازع در صنعت اتومبیل سازی.
منابع: (۱۴ ص. General_Motors/)، (۱۴ ص. Ford_Motor_Company/) و useconomy.about.com/od/criticalssues/a/auto_bailout.htm

شدن از مزایای آن، تبدیل به بازار مصرف کشورهای صنعتی‌تر گشتند، شرکت‌ها و کشورهایی که دیر به موج سوم برسند نیز، گرفتار سیاست‌ها و بازارهای کشورهای پیشرو و توسعه یافته‌تر خواهند گردید.

متأسفانه، همین الآن نیز، کمی دیر شده است. زیرا، برخی از کشورها یا شرکت‌های فراملیتی، برای ترویج و تحمیل فرهنگ و محصولات خود بر کشورهای در حال توسعه و کم توسعه یافته، راه‌هایی پیش گرفته‌اند. به عنوان مثالی واقعی، بازی‌های کامپیوتری و سریال‌های تلویزیونی به عنوان مُسکِّنی برای مسئلهٔ تنهایی تکنولوژیکی،[۱۷۷] تبدیل به معضلی برای هدر رفتن سرمایهٔ ملی کشورها[۱۷۸] و فرهنگ‌سازی‌هایی در تضاد با فرهنگ بومی آن‌ها، گشته‌اند و متأسفانه کار زیادی نیز از دست دولت‌ها بر نمی‌آید.[۱۷۹]

اما در مقابل، افرادی که وارد صنعت بازاریابی شبکه‌ای شده‌اند، با درک ارزش وقت و زمان، از هر فرصتی برای ملاقات و تبادل دانایی با تیم‌های فروش خود و دیگر اعضای فعال استفاده نموده و به این ترتیب، زمان بسیار کم‌تری را صرف دیدن برنامه‌های تلویزیونی می‌کنند. این مسئله به سادگی یعنی یک فرهنگ‌سازی انگیزشی و موفق.

بنابراین، شاید بتوان ادعا نمود که نه تنها صنعت بازاریابی شبکه‌ای، انتخاب مناسبی در جهت توسعهٔ سریع کشورهای کم توسعه یافته می‌باشد، بلکه جزء معدود انتخاب‌های موجود آن‌ها است.

---

۱۷۷ مراجعه شود به بخش ۵.۴.۳- تنهایی تکنولوژیکی، صفحهٔ ۸۰

۱۷۸ انتقال و گردش «دانایی» در واحد زمان انجام می‌گیرد. بنابراین، می‌توان ادعا نمود که «زمان»، مفهوم ثانویهٔ سرمایه می‌باشد.

۱۷۹ مراجعه شود به بخش ۶.۴.۱- نقش دولت‌های موج دومی در استثمار شدن، صفحهٔ ۱۰۸

منبع شناسی

(۱) کتاب موج سوم، نویسنده الوین تافلر، ترجمهٔ شهیندخت خوارزمی، نشر علم، چاپ چهاردهم، ۱۳۸۰

(۲) کتاب جابه‌جایی در قدرت، نویسنده الوین تافلر، ترجمهٔ شهیندخت خوارزمی، نشر علم، چاپ هشتم، ۱۳۷۹

(۳) کتاب شوک آینده، نویسنده الوین تافلر، ترجمهٔ حشمت‌ا... کامرانی، نشر سیمرغ، چاپ سوم، ۱۳۷۶

(۴) کتاب جنگ و ضد جنگ، نویسنده الوین تافلر، ترجمهٔ شهیندخت خوارزمی، نشر سیمرغ، چاپ سوم، ۱۳۷۷

(۵) کتاب به سوی تمدن جدید، نویسنده الوین و هایدی تافلر، ترجمهٔ محمدرضا جعفری، نشر علم، چاپ چهارم، ۱۳۸۰

(۶) The New Professionals Book, By Charles W. King, THREE RIVERS PRESS, First Edition, ۲۰۰۰

(۷) کتاب بازاریاب شبکه‌ای یک دقیقه‌ای، نویسنده مایکل جی.کوئین، ترجمهٔ بهرنگ شیخ زنور، نشر فکر بکر، چاپ دوم، شهریور ۱۳۸۴

(۸) کتاب بهترین نت‌ورکر دنیا، نویسنده جان میلتون، ترجمهٔ پیام مقیم اسلام، نشر فکر بکر، چاپ اول، تابستان ۱۳۸۴

(۹) کتاب مدیریت کسب و کار دیجیتالی، نویسنده بیل گیتس، ترجمهٔ دکتر محمدعلی حق‌شناس، نشر دستان، چاپ دوم، ۱۳۹۰

(۱۰) کتاب نقشهٔ ذهن مشتری، نویسنده مارک ایی. پری، ترجمهٔ پرویز درگی و محمد سالاری، نشر بازاریابی، چاپ دوم، ۱۳۹۳

(۱۱) کتاب بازاریابی بیمه‌های عمر، نویسنده سیامک ملک مطیعی، نشر پوشش‌گستر، چاپ چهارم، ۱۳۹۱

(۱۲) کتاب هفت عادت مردمان مؤثر، نویسنده استفان کاوی، ترجمهٔ گیتی خوشدل، نشر پیکان، چاپ یازدهم، ۱۳۸۲

(۱۳) How Europe Underdeveloped Africa, By Rodney Walter, ۱۹۷۳, Transcript From ۶[th] reprint, ۱۹۸۳

(۱۴) http://www.wikipedia.org/wiki/

لیست شکل‌ها